잘나가는 방송작가

* 이 책은 작가의 입말을 그대로 기록하는 것에 의의를 두었으며,
  일부 구어적인 표현 등을 그대로 사용하였습니다.

드라마 예능 라디오 탐사보도 작가 10인의 말

잘나가는 방송작가

김진태 엮음

차례

006 #오프닝

✴ 드라마

009 **박해영 작가**   나의 아저씨 tvN | 나의 해방일지 JTBC
045 **위소영 작가**   술꾼도시여자들 tvN, Tving

✴ 예능

083 **강숙경 작가**   강철부대 채널A | 피지컬 100 넷플릭스
117 **안용진 작가**   SNL 코리아 쿠팡플레이 | 코미디 빅리그 tvN
157 **모은설 작가**   흑백요리사 : 요리 계급 전쟁 넷플릭스
199 **심은하 작가**   사장님 귀는 당나귀 귀 KBS
223 **김지은 작가**   불후의 명곡 KBS

✷ 라디오

253 **송정연 작가** 이숙영의 러브 FM SBS
281 **김 성 작가** 강석, 김혜영의 싱글벙글 쇼 MBC

✷ 교양, 탐사보도

307 **정재홍 작가** PD 수첩 MBC

336 #클로징

#오프닝

예전에 태엽을 감는 시계가 있었어요.
집안에서 가장 잘 보이는 자리에는
늘,
태엽을 감는 괘종시계가 자리 잡고
있었지요.

하루에 한 번씩은 태엽을 감아줘야 했는데
태엽을 감는다고 하지 않고
그때는 밥을 준다고 했습니다.
시계에 밥을 주면, 태엽을 감아 준 만큼의
시간을 우리에게 돌려줍니다.

오늘도 골똘히
태엽을 감는 사람들이 있습니다.

자음과 모음, 날실과 씨실로 정성껏
태엽을 감아서
재미와 감동의 하루를 보여주거나
천년 후의 시간으로 데려가거나
백 년 앞의 세상을 들여다보기도 하는
시간의 연금술사가 있습니다
감아도 감아도 끝이 없는 태엽을
'홀로이 개여울에 주저앉아서'
온몸으로 감고 있는
방송작가 여러분들이 있습니다.
'당신은 무슨 일로 그리합니까'
그들의 생각과 말을 들어 봅니다.

모든 것에서
해방되시길
바랍니다.

박해영

나의 아저씨 tvN
박해영 작가

프로그램

KBS	달려라 울 엄마
KBS	올드미스 다이어리
MBC	90일 사랑할 시간
JTBC	청담동 살아요
tvN	또 오해영
tvN	나의 아저씨
JTBC	나의 해방일지

수상 내역

2016년 - 대한민국 콘텐츠 대상 국무총리 표창
2019년 - 백상예술대상 TV 부문 극본상
2019년 - 아시아 콘텐츠 어워즈 작가상
2023년 - 백상예술대상 TV 부문 극본상

#계절

　겨울은 쓸쓸하고 슬프고 여름은 덥고, 봄이 제일 나은 거 같아요. 그런데 이상하게 글은 계절과는 상관없이 힘들어요. 드라마에선 계절을 늘 먼저 설정하고 들어가는데, '나의 아저씨' 같은 경우에는 굉장히 쓸쓸한 드라마인데 한여름 뙤약볕에서는 '쓸쓸함'이 나올 리가 없잖아요. 그래서 계절도 겨울로 갔고 그렇지만 '엔딩은 확 마음이 풀려난 봄이다' 이렇게 설정했어요. 그러니까 촬영 날짜를 11월부터 3월, 4월까지 촬영하자고 했어요. 촬영 날짜가 드라마는 대개 5개월이나 6개월밖에 안 되니까 계절을 담을 수 있는 한계가 있어서 겨울 끝부터 시작해서 봄에서 끝나자 이렇게 계산했죠. 그래서 '나의 아저씨'는 엔딩이 굉장히 따뜻한 봄날이었죠. 그다음 '나의 해방일지'는 고생스럽게 서울로 출퇴근하는 경기 도민은 한여름이 제일 힘들거든요. 그러니까 한여름 뙤약볕에서 출퇴근하고 겨울에 끝나자 이런 식으로 극 톤을 맞춘 거죠.

#경기도

저는 '나의 해방 일지'에 나온 극 중 아버지 염제호씨 집하고 똑같은 구조에서 살았어요. 경기도 끝자락에, 문 열면 다 논밭이고 조금 떨어진 곳에 아버지 일하시는 가내 수공업 공장이 있고, 아버지 일하시다가 중간 중간 밭에 물 주고 하는 것과 똑같은 공간에서 어려서부터 살았어요. 나 역시도 극 중 염미정이 어려서 아버지 일을 잘 도와줬던 것처럼 9살부터 아버지 일을 도와주는 걸 제일 좋아했던 것 같아요. 그때 당시에 아버지가 자식이며 와이프며 모두 다 일을 시켜봤지만 해영이가 제일 잘한다면서 칭찬 하시던 생각도 나요.

저의 인생 49년 경기도민의 생활을 '나의 해방 일지'로 딱 정리하고 마무리 지은 것 같아요. 제가 해방 일지를 경기도에서 기획하고 서울로 이사 들어와서 마무리했거든요.

염미정

작가는 자기가 없는 얘기를 못 써요. 자기가 없는 배우를, 인물을 못 그리죠. 왜냐하면 인물을 만들어 놓고 그 사람이 하는 말을 빙의해서 작두 타듯이 해야 하는데 내가 뭔가를 이해할 수 없고 내가 들어있지 않는 인물에서 무슨 말을 해야 할지 그걸 어떻게 알겠어요. 모르잖아요. 그러니까 내 속에는 염미정도 있고 염기정도 있고 염창희도 있고 다 있어요. 한 사람이 한 '톤'이거나 한 '결'이진 않잖아요. 그걸 다 분산시켜서 이 사람한테는 이런 부분을 강하게 해주고 저 사람한테는 저런 부분을 강하게 해주고 그랬죠. 내 안에 반드시 있어야 내가 대사를 쓸 수 있으니까요.

주변에 친한 사람들을 만나서 얘기하다 보면 저한테 전부 다 '염기정이었다' 이렇게 얘기하는데 사실 저는 염미정에 가깝거든요. 염미정이 대외적으로 드러나지 않는 게 기본적으로 MBTI가 'I'예요. 그런데 사회생활을 하면서 염미정처럼 'I'로 어디 가서 있으면 골 부리고 가만히 있는 거 같이 보이는 거죠. 그러니까 열심히 접대하고 응대를 해야 하기 때문에 간신히 이 모습을 밖에 나가서 표출하면서 살잖아요. 드라마에서 'I'는 거의 안 써요. 말이 없는 게 기본 캐릭터인데 캐릭터가 말이 없으면서, 대사가 없으면 스토리를 굴러가게 하기가 힘들거든요.

'나의 아저씨'의 박동훈도 'I' '나의 해방일지'의 염미정도 'I' 구 씨도 'I' 이러니까 대사 쓰기가 너무 힘들었어요. 'I'인 사람을 주인공으로 대사 쓰기는 굉장히 힘들죠. 그런데 굳이 쓰는 이유는 드라마에는 'E'만 나오잖아요. 말 잘하고 적극적이고 공격적이고 이런 사람들만 나오는데 사실은 'I'도 많거든요. 'I'를 그릴 때의 장점은 우리가 일상생활에서 말 많은 사람들 얘기는 귀 기울여 듣지 않는데 'I'가 한마디 하면 집중해요. 그래서 시청자한테 초반은 힘들어도 한 번 집중하게 하면 훨씬 매력적인 캐릭터가 될 수 있다는 거죠.

#기억

'부모'가 아이한테 너무 큰 존재로 다가오는 이유는 생애 처음 경험하는 사람인 거잖아요. 우리가 연애할 때도 첫사랑이 왜 이렇게 중요하냐면 처음으로 이성적으로 관계를 맺어 봤기 때문에 그게 기준점이 돼 버리고 그게 트라우마가 되는 거잖아요. 그런데 애들한테도 똑같이 생애 첫 만남이 부모인데 그 사람에 대한 기억과 그 기억을 시작으로 다른 사람에 대한 이해가 다 번져나간다는 느낌이 있더라고요.

하나님에 대한 이미지와 아버지에 대한 이미지는 같이 간다고 누군가 그러더라고요. 그러니까 아버지에 대한 이미지가 좋았던 사람은 하나님에 대한 이미지도 좋아서 기도를 잘하는데, 아버지에 대한 이미지가 상당히 안 좋았던 사람은 교회에 나가서 하나님 아버지라는 말을 못 한대요. 그러니까 이미지가 상충해요. 하나님과 아버지에 대한 이미지와 그리고 내가 사람을 만날 때 기억했던 이 최초의 두 사람, 아버지와 엄마 이 둘 중의 하나를 자꾸 개입을 시키려고 하는 것도 있고 그게 번져나가는 게 있더라고요. 그러니까 처음 각인된 그 사람에 대한 이미지를 기준점을 놓고 이게 번져 나가는 거죠.

내가 기억하는 엄마 아버지와 언니들과 오빠가 기억하는 엄마 아버지에 대한 이미지는 상당히 달라요. 뭘 기억하느냐는 자기의 선택적인 문제인 거 같아요. 인간에 대한 애정은 아버지의 애정에 대한 연장선상이고 인간에 대한 미움은 엄마에 대한 이미지의 연장선상 같다는 생각이 들어요. 그게 엄마보다는 아버지하고 더 친하고 그랬다기보다는 저는 그냥 말 없는 사람에 대한 연민, 말 많은 사람에 대한 짜증, 그래서 말 많은 사람에 대한 스트레스가 너무 많았고 말이 많은 사람은 자기 속을 오픈한다고 느껴지지 않고 자기 속을 과장해서 오픈한다고 느껴졌나 봐요. 그런데 말이 없는 사람은 슬퍼도 말이 없고 기뻐도 말이 없는 사람, 그러니까 특징적으로 얘기하면 엄마는 말이 많으셨고 아버지는 말이 없으셨다 이거죠.

김진태 작가님 책 '엄마라고 더 오래 부를걸 그랬어'에서 엄마 기다리다가 새우깡 먹었다고 그랬던 부분 있잖아요. 저는 저의 어린 모든 시절이 다 짠하더라고요. 나쁘다는 의미는 아닌데 아름다웠겠구나, 즐거웠겠구나는 아니었어요.

나의 아저씨 박동훈,
나의 해방일지 구 씨

　어떤 작가가 제 드라마를 보고 그러더라고요. 박해영 작가의 글을 보면 극 속의 인물들이 어른하고 사이가 좋고 어른을 좋게 그린대요. 저는 잘 모르겠지만 의외로 괜찮은 사람으로 그린다는 거예요. 저는 아버지는 좋아했지만, 엄마를 그렇게 좋아하지는 않았는데 말이죠. (웃음) 그러니까 이 말도 어폐가 있는 게 냉정하게 따져보면 제가 20대까지는 엄마랑 친했던 기억이 많은데 어느 순간 어떤 사건으로 인해서 틀어진 걸 수도 있거든요. 그리고 한 번 '난 엄마를 싫어해'라고 말을 방점 찍고 나니까 그 말을 계속 반복하는 걸 수도 있어요. 냉정하게 따졌을 때 누가 더 나한테 좋았던 사람인가 나빴던 사람인가를 따져놓고, 내 사고를 합리적으로 생각해 본다고 하면 내가 지금 하는 말이 다 틀렸을 수도 있고요. 그냥 제 이미지가 각인이 그렇게 돼 있다는 느낌이긴 한데,

　어쨌든 박동훈은 아버지 영향을 받았냐면 그렇지는 않아요. 작가들이 어린 시절을 전부 다 녹여서 무슨 인물을 만들어

내고 그러진 않거든요. 기본적으로 드라마나 영화에서는 캐릭터가 파워가 있어야 되잖아요. 그 파워를 직업으로 잡아주는 경우가 많은데 예를 들면 변호사, 의사, 판사, 형사 등으로 많이 설정하죠. 특히 형사는 거친 말도 할 수 있고 때려잡을 수도 있고 정의를 위해서 쌍욕을 할 수도 있고요. 제가 그걸 보면서 질렸던 것 같아요. 말 세게 하는 남자가 하나도 매력적이지 않고 왜 인간을 다 저렇게 그리지, 왜 이렇게 피로하게 그리지, 그래서 그때 기획안의 한 줄은 그거였던 것 같아요. '이게 정말 인간이지' '맑은 물에 귀를 씻은 거 같은 그런 사람을 보고 싶다' 정말 그냥 평범한 남자, 얼마나 뜨거울 수 있고 얼마나 좋을 수 있는지 그것에서 시작했던 거였지 아버지에 대한 그런 건 없었던 것 같아요.

기본적으로 아버지가 말이 없었기 때문에 말이 없는 남자에 대한 두려움은 없었던 것 같고요. 보통의 작가는 주인공을 말이 없는 사람을 잡으면 못 풀어요. 그런데 저는 다 이해하고 봐왔기 때문에 그걸 쓸 수 있는 거죠. 저는 이미 가세가 기울어서 희망이 없었을 때부터의 기억이 강해요. 오빠하고 우리끼리 넷이 모이면 '이렇게 기억이 다를 수가 있나?' 그럴 때가 많았죠. 오빠는 "우리 아버지가 그 옛날 70년대에 전봇대를 박고 전깃대를 박으면서 공장 짓고, 그 마을에 아버지 덕분에 전기가 들어오고 전화가 들어왔어" 이렇게 얘기하는 거 들어

보면 '언제 그랬나?' 싶었어요. 다른 가족들한테는 아버지가 젊고 파워 있었을 때 잘 나갈 때 기억이 있었던 것 같고, 저는 9살 때부터 기억을 더듬어 보면 이미 그때 망했고, 집 안에 싸움이 좀 있고 이런 거, 그리고 돈 얘기를 할 수가 없었고요.

'나의 아저씨'의 박동훈과 '나의 해방일지'의 구 씨 두 주인공 남자가 말이 없는데 그 둘은 완전히 달라요. 그러니까 박동훈은 인간에 대한 연민도 있고 모든 것을 자기가 안고 가는 사람인데 구 씨는 그냥 깡패예요. 뭐라 그럴까? 내가 귀찮아서 얘네들을 상대 안 하는 거지, 말하기 싫어서 말 안 하는 거지, 잡으려면 다 잡을 수 있는데 이런 캐릭터거든요.

사실 저는 말 많은 사람들 드라마를 너무 싫어해요. 그런데 지금은 말 많은 사람들의 드라마를 쓰고 있는데, 드라마 속 모든 인간이 '내가 더 말할 거야 말하지 마!' 이런 사람들을 쓰고 있어서 쓰면서 힘들어 보기는 처음이에요. 그런데 보는 사람은 얼마나 힘들까 싶어요. (웃음)

일기장

 자신의 과거를 굉장히 아름답게 기억하는 사람이 거의 없다고 보는데 저도 아름답게 기억이 잘 안되거든요. 그런데 제가 서른 넘어서 30대 후반에 '아이러브스쿨'에서 동창들 찾아서 만날 수 있었는데 그때만 해도 저는 학생 때 기억이 안 좋아서 초, 중, 고 동창 만날 생각이 없었어요. 늘 만나던 친구 4명만 있어서 4명 외에 내가 굳이 옛날에 학교를 같이 다녔다는 이유로 가서 안면 트고 이런 게 번잡스럽고 싫었어요. 그래서 안 만났다가 제가 드라마를 써야 했는데 중, 고등학교 때 얘기를 써야 했어요. 그런데 나이가 들어서 중 고등학교 때가 생각이 안 나더라고요. 그때 '나 일기가 있지, 중학교 때부터 20대 후반까지 썼던 일기가 있지' 그래서 한 번도 뒤져보지 않았던 그 일기를 펼쳐보게 된 거죠.

 저는 여태까지 썼던 내 글도 드라마도 한 번도 안 뒤져봐요. 그 파일이 없어져도 상관없어요. 지난 글을 한 번도 본 적이 없는 게 두 가지 감정 중에서 하나거든요. '되게 잘 썼다' 아니면 '너무 무섭다' (웃음) 굳이 내가 지금 일하고 있는 와중에 두 감정은 필요 없는 감정인 거예요. 자아도취에 빠지거나 자괴감에 빠지거나죠. 어쨌든 그 일기장을 뒤져봤는데 내가 너무 사랑스러워서 죽을 뻔했어요. (웃음) '어머 이런 일이 있었구나' 저는 제가 사람을 별로 안 좋아한다고 생각했는데 일기장에는 '얘는 너무 예뻐' '얘가 너무 사랑스러워' 이렇게 제가 모두를 너무 사랑하고 있는 거예요. 저는 사람을 싫어한다고 생각했는데 그거 보면서, '어머 내가 이렇게 이쁜 아이였구나' '내가 이렇게 사람들을 좋아했었구나'

그 일기를 딱 확인하고 나서 그다음에 밴드에 나가게 됐어요. (웃음) 그걸 다 사진을 찍어서 애들한테 보내줬죠. "야, 내 일기장에 너 이렇게 나오더라" '오늘은 나이키가 오토바이를 끌고 중학교에 왔다. 멋졌다' 이렇게 쓴 거 보여줬더니 "그래 그래 나 맞아 나 하얀 바지에 나이키 신고 오토바이를 타고 다녔어" 그래서 제가 그때 알았어요. 기억의 오류가 이런 거구나, 그 정확한 기록이 없었다면 그냥 나는 되게 우울한 아이였지 이렇게 생각했을 텐데, 그게 아니었구나라고요. 한 번도 작가가 되고 싶은 마음이 있었던 적은 없지만 기본적으로 뭐에 압도당했냐면 저는 소설 한 권 읽는 게 중, 고등학교 때 너무 힘들었거든요. 읽고 독후감 쓰는 게 너무 힘들었던 게 '이 많은 글을 언제 읽고 언제 쓰지? 그런데 이걸 쓴 사람은 뭐지, 이렇게 두꺼운 걸 썼다고?' 저는 글을 읽고 쓴다는 건 상상도 못 해봤거든요. 그런데 나중에 알았어요. '아, 이거였나 보다' 싶었던 게 제가 글을 쓸 수 있는 자양분이 됐던 게 그 일기였던 것 같아요. 몇십 년간 쭉 써온 일기요. 중학교 1학년부터 20대까지 계속 쓰고 있었던 거예요. 따로 작법을 배우지 않고 그날 있었던 일들을 써 내려간 중학교 때 일기를 보면서 깜짝 놀랐던 게 '야, 문장력 기가 막힌다' 이런 것도 있더라고요. (웃음) '연습하고 있었네, 뜻은 없었지만, 연습은 하고 있었다'라는 느낌!

그러다가 IMF 터지고 평생직장을 가져야겠구나 싶어서 뭐 해야 하지 그랬는데 주변에서 뜬금없이 '너 글 써' 이런 말이 꽤 있었던 거예요. '왜 글 쓰라고 그러는 거지, 난 글 써서 상도 받아본 적이 없는데' 그러다가 '그래 밥은 먹고 살아야 하니까' 그렇게 생각하고 아카데미를 갔는데, 나는 어쩌다가 왔는데, 뭐 해야 할지 모르니까 왔는데, 다른 사람들은 작가가 되기 위해서 꿈을 품고 왔대요. 그런데 깜짝 놀랐던 게 '이렇게 못 쓰는데?' '문장력도 안 되는 애가?' 그래서 거기서 '야, 나는 되겠다' 이런 생각이 들더라고요.

저는 일기장을 학교에 늘 갖고 다녔어요. 쉬는 시간에도 쓰고요. 시간을 정해놓고 쓴 것도 아니었어요. 초등학교 때는 일기를 숙제처럼 쓰고 검사했었는데 검사를 안 하니까 쓰게 되더라고요. 그게 사람의 습성 같은 것 같아요.

끄적이는 걸 좋아하는 사람이 있잖아요. 일기를 쓴다고 해서 일기장을 따로 샀던 것도 아니고 시를 읽는 거, 그러니까 짧은 글, 문장력 좋은 거 그런 걸 읽기를 좋아해서 시집을 샀었어요. 그런데 시집에 공간이 많잖아요. 옆에다 계속 썼었어요. 노트에 쓴 것도 있지만 대개는 시집 옆에다 썼어요. 그런데 어쩔 수 없이 이 시를 계속 보고 있는 거잖아요. 그러니까 짧은 문장력, 핵, 이런 거를 눈여겨봐지는 연습이 되었겠죠.

김옥영 선생님이 그때 당시에 했던 말이 '작가가 되려면 너희들 시를 많이 읽어라, 중언부언하지 않는 법을 배워야 하고 정확하게 핵을 찍는 법을 배워야 한다, 말을 간결하고 짧게 어떻게 하는지 배워야 한다'라고 하셨는데 저는 옛날부터 시집을 보고 있었던 거예요. 아름다운 문장에 꽂혀서 가만히 있었어요. 그걸 사진 보듯이 그 문장 하나를 가만히 보고 있었거든요. 문장에 대한, 그리고 아름다움에 대한 그런 게 있었던 것 같아요. 그걸 좋아했던 것 같아요.

김옥영 작가

SBS 아카데미에 갔는데 거기엔 드라마 반이 없었어요. 구성이었죠. 아카데미에서 다큐멘터리계의 '대모'라고 김옥영 선생님이 저를 가르치셨는데 거기서는 코미디도 써보게 하고 다른 것도 다 써보게 하는데, 그분이 제가 쓴 코미디 콩트를 굉장히 마음에 들어 하셨어요. 그때 '너는 극으로 가라' 방향을 확 틀어주시더라고요. 원래 다큐를 하고 싶었었는데 지금 생각해 보면 정말 고맙죠. 어른이 되거나 선수가 되면 어느 쪽 자질인지 딱 보이는 것 같아요. 제가 다큐를 못 하지 않았고 다큐로 1등 상 받고 졸업했는데 그런데도 너는 극으로 가라고 얘기를 해주셨죠.

이제 선생님의 나이가 되니까 저도 알겠더라고요. 이 글은 아닌데, 이 글은 웹소설로 가야 되는데 이런 게 보여요. 제 인생에 참 고마운 선생님이신데 선생님께 밥을 사드린 적도 없고 지금도 어쩌다가 연이 되어서 만나는데, 가끔 그런 생각이 들어요. 내 인생에서 가장 크게 기여한 사람들은 그걸로 생색도 내지 않고 나도 그거를 대접하지 않고 그냥 서로의 역할을 했다고 생각하는 느낌, 그래서 그분과 나의 사이는 '고수의 사이다'라는 느낌이 들 때가 있어요.

제가 '메시지'라는 말을 상당히 안 좋아하는데, SBS 아카데미 다닐 때 김옥영 선생님이 해주신 작가의 덕목 5가지 중의 1개는 정확히 기억하거든요. '시청자를 계몽의 상대로 생각하지 말라'였어요. 내가 이걸 가르쳐줄게, 인간은 이렇게 살아야 해, 뭐 해야 해, 그런 교조주의거나 계몽 의식이 너무 오만하다는 거를 정확하게 말씀해 주셨는데 그걸 받아먹으려니까 그랬는지 30년 전에 들은 얘기인데도 여전히 너무나 선명해요.

'메시지'라는 말은 잘 안 쓰고 주고 싶은 '정서'라는 말을 쓰는데, 그러니까 '오늘 깔깔깔 웃겨 드릴게요' 아니면 '당신 마음을 잘 어루만져 드릴게요' 정확하게 서비스 정신의 마인드라고 그래야 하나, 그 정도에 머물러 있으려고 해요. 애초에 드라마를 만들 때 '이번에는 무슨 얘기야, 무슨 얘기를 어떻게 하겠어'라고 메시지를 강하게 아예 안 심어주죠. 그러면 글을 쓸 때도 그런 얘기들이 억지로 들어가거든요. 그래서 그런 얘기는 안 하는 편이에요.

#작업실

우리는 좀 다르잖아요. 그러니까 한강 선생님이랑은 다른 게 문학가가 아니잖아요. 영상 작업하고 초치기해야 하고 여기저기서 전화 오고, (웃음) 캐스팅이 그게 안 되면…. 어쨌든 뭔가 다르잖아요. 저는 카페 돌아다니거든요. 작업실이 있긴 있는데 잘 안 써요. 무조건 조용한 카페, 넓은 카페를 다니는 이유는 작업실에 혼자 있으면 딴짓도 많이 하는데 사람들 틈바구니에 있으면 딴짓하기가 민망하니까 '우아하게 무슨 일이라도 하는 척하자' 하게 되거든요.

생각이 날 때까지 기다리는 소설가가 아니고 기한 내에 어떻게든 메꿔야 하는, 기한 내에 이걸 못하면 안 되는 거잖아요. 어떻게든 짜서 넣어야 하니까 나를 구석으로 모는 거예요. 무조건 써내야 하는 거라 풍경, 환경, 이런 거 별로 중요하지 않고 시끄럽지 않은 카페면 돼요. 작업실은 혼자 있으면서 딴짓하니까 그 감시자가 필요한 거죠. (웃음) 우리가 살 집을 찾을 때는 창밖 풍경 너무 중요하잖아요. 나무가 보여야 하고 이런 게 있는데 작업실은 그런 게 중요하지 않아요. 머릿속에 '이 씬은 어떻게 쓰지' 이런 생각밖에 없기 때문에 바깥에 꽃이 피는지 뷰가 좋은지 이게 안 보여요.

흥행

작가가 흥행을 염두에 두면요, 남의 다리 긁어요. 뭔지도 모르면서 '이것이 될 것이야' '이걸 사람들이 좋아할 거야' 그러면요. 그냥 내가 좋아하고, 내가 갈증이 있고, 내가 해서 한 걸 해야 내 다리 긁고 그랬을 때가 결과가 있는 거지, 이걸 좋아할 것이야 저걸 좋아할 것이야 그러면 남의 다리 긁느라 정신없어서 정말 담아야 하는 획이 안 나와요. 작가는 자기가 좋아하지 않는 글은 못 써요. 보통 16부작이면 1부에 30페이지씩 하려면 500페이지 600페이지 정도 나올 텐데, 그 얘기가 하고 싶어야 500페이지가 나오는 거죠. 하고 싶지도 않고 남의 욕망을 따라서 이것을 좋아할까 안 좋아할까를 가늠하면서 하면 그렇게 나올 수가 없어요.

한 사람을 다 알아버리면, 전 세계인을 다 알아버린 거하고 저는 똑같다고 보거든요. 거기서 그가 돈이 많았는지 돈이 없는 집에서 태어났는지, 직업이 뭐였는지, 상황이 뭐였는지만 있지, 변주법만 다른 거죠. 흥행을 염두에 두면 남의 다리를 긁게 돼요.

# 배우 이선균
　인간 이선균

　저는 이선균 씨를 세 번 만났어요. 그래서 '인간 이선균'은 잘 모르겠어요. 그런데 모른다고도 못 하는 게 만나는 횟수로 따져서 '내가 세 번 만났기 때문에 몰라?' '내가 100번 만났기 때문에 알아?'라고 얘기하는 건 오류일 수 있어요. 그래서 제 느낌으로 '아 저 사람은 어떤 사람이구나' 이렇게 안다고는 할 수 있을 거 같아요.

　돌아가신 분을 얘기하는 게, 이렇다 저렇다 얘기하기는 애매한데, 솔직히 이선균 씨한테 너무너무 고마웠던 게 '나의 아저씨'를 보면서 박동훈의 면모가 나오기 시작했다는 거예요. 왜 나오냐면 그 속에 있기 때문에 나오는 거거든요. 그 속에 없으면 못 나와요. 결국은 내가 기대했는데 '나올 수 있다' '박동훈 면모가 나올 것이다' '김원석 감독이 보통 사람이 아닌데 반드시 그것을 끌어낼 것이다' '이선균도 아직 안 보여준 얼굴이 있다, 분명히 나올 것이다' 그러다 보면서 '아…. 나온다 나온다' 이렇게 나온다 싶으니까, 너무 감동한 거예요.

'나의 아저씨' 끝나고 사석에서 어떤 감독님이 이선균 씨한테 "너 속에 박동훈이 있어?"라고 물어본 거예요. 그랬더니 갑자기 이선균 씨가 "나, 내 속에 박동훈이 있는 것 같아" 이러는 거예요. 저는 봤잖아요. 이미 연기를요. 본인이 '나 있는 것 같아'라고 얘기하는데 '아, 저 사람도 느꼈다, 자기 속에 있다는 걸 느꼈다'라는 느낌이 들더라고요. 박동훈에 대한 이미지를 '따뜻함'이라고만 얘기할 수는 없고 '인간에 대한 연민과 이해가 있다'라고 얘기할 수 있어요. 왜냐하면 처음 이선균 씨를 생각했을 때 그게 없어 보였다기보다 그 이상이 분명히 있을 거라고 제가 확신을 했으니까 감독님이랑 '캐스팅하자'라고 한 거죠. 그게 안 나오면 이 배우는 안 되니까요. 이선균 씨를 캐스팅할 당시에는 그 이전에 보여줬던 이선균 씨의 이미지가 '하이톤'으로 약간 느낌이 달랐잖아요. 그러니까 '이거 있냐 없냐' 그런데 김원석 감독님이랑 나는 '있다. 이 사람 분명히 있을 것이다. 가자' 한 거죠.

14회 대본을 쓸 때 박동훈이 지안에게 하는 대사 중에 "할머니 돌아가시면 전화해" 이 한 줄을 쓰고 30분을 엉엉 울었어요. 왜 울었는지 뭐라고 정확하게 얘기는 못 하겠는데 '아 이렇게까지 만날 수 없는 사람들이구나' 이런 생각이 들었던 것 같아요. '누가 죽지 않으면 만날 수 없는 사이가 됐구나' 그게 아니면 만날 이유가 없는 사람 관계가 돼버렸잖아요. 박동훈 입장이 돼서 그렇게 울었던 거 같아요.

#24시간

글을 쓸 때는 걷지도 못하고요, 운동도 못하고 아무것도 안 하고 가만히 앉아 있어요. 좀 시간이 나면 뭘 또 새로운 걸 하기가 뇌의 회로를 굴리는 게 너무 짜증이 나요. 왜냐하면 어차피 뇌의 회로는 24시간 지금 쓰는 드라마에 어디가 안 풀리는지 그것만 촉이 서 있지, 무엇을 먹을까, 무엇을 입을까에 대해서 고민 자체를 안 해요. 그러니까 할 수 있는 거는 답답하면 그냥 걷는 정도, 이건 의식이 없이도 할 수 있고 생각 안 하고도 하는 거잖아요. 누워 있으면 죄책감이 들어서 못 눕고 그냥 막 왔다리 갔다리 하는 거죠. 그러면서 머릿속에선 이 생각 저 생각 잡생각이 드나들고요.

지금은 새로운 드라마 쓰고 있어서 생활 패턴이 10시, 11시까지 책상에 앉아 있는데 앉아 있는 시간이 12시간은 되는 거 같아요. 밤을 새도 잘 풀리면서 내가 정신없이 쓰면 하나도 안 피곤한데 너무 안 풀려서 책상에 앉아 있으면 5시간도 안

드라마 예능 라디오 탐사보도 작가 10인의 말

잘나가는 방송작가

김진태 엮음

대한민국 최고의 방송작가들에게
여러분은 무엇을 묻고 싶나요?

The 책먼설

강철부대
강숙경

SBS 이숙영의 러브FM
작가 송정연

줄줄이 여자들
응수니우
오늘까지만, 졸업자!!!

행복요리사
모앗소

싱글벙글쇼?
내 인생의 반쪽

PD수첩
정재홍

모든 것에서
해방되시길
바랍니다.

계란

넉해영

불후의 명곡 김지우♥

안용진 작가

사장님 귀는 당나귀
심은하

돼서 온몸이 아파요. 안 풀리면 짧은 시간 앉아 있어도 온몸이 아프고 잘 풀리면 그냥 24시간이 가도 안 아프고요.

 # 황금기

김혜자 선생님이 말씀하시기를 45세부터 65세까지가 작가의 '황금기'라고 하세요. 그분이 여태까지 작가들의 글을 봤을 때 내가 경험한 바로는 그렇더라고 하세요. 그건 그분의 경험인 거고, 무슨 말인지 알겠거든요. 모르지 않고 아는 나이라는 거잖아요. 경험할 만큼 했고요. 65세 넘어가면 촉이 떨어지기 시작하고 아둔해지기 시작해요. 벌써 제가 총기가 떨어지는지 내가 앞에 썼는지 안 썼는지 그게 다 헷갈리는 타이밍이 왔기 때문에 영민함도 떨어지는 것 같아요. 65세가 맞는 것 같아요.

시작점은 모르겠지만 65세를 넘어서까지 쓰는 건 문제가 있겠다는 생각은 들어요. 더군다나 미니 시리즈같이 엄청난 많은 양을 필요로 하는 작업은 더 그렇고요.

#100% 재능

27세까지 출판사에서 근무하다가 조금 늦은 나이로 작가 아카데미를 가서 작가가 되었는데, 아카데미를 가서 보니까 '나, 되겠다' 하는 생각이 들더라고요. 정말 미안하지만, 작가는 100% 재능이에요. 그러니까 노력은 재능이 있는 사람끼리 하는 거예요. 제가 드라마 작가가 되고 싶다는 애들한테 그랬거든요. "작가가 되고 싶은데 어딜 가야 할까요?" 그렇게 물어보면 일단 작가 교육원 500명 뽑는 데 한번 가봐, 네가 10위 안에 드나 봐, 그 자리 가면 딱 보여 내 수준이 어느 정도인지, 그러면 10위 안에 들면 하는 거고, 500명 중에 못 들면 못 하는 거고, 그랬더니 전부 하는 말이 자기가 10위 안에 든다고 다 착각한대요. (웃음) 그래서 제가 하면 안 된다고 해요. 그 정도로 감이 없으면 하면 안 된다고 하거든요.

#새 드라마

이번엔 진짜 코미디예요. 코미디라고 하는 건 매우 웃긴다는 의미가 아니라 '나의 아저씨' 기준이에요. 나의 아저씨보다 좀 가벼웠던 게 '나의 해방일지', '나의 해방일지'보다 조금 더 웃긴 것, '가볍다'기보다 좀 웃긴 게 지금 하고 있는 드라마예요. 제목이 '모두가 자신의 무가치함과 싸우고 있다' 인데 또 안 웃긴다고 하면 어쩌지? (웃음)

캐스팅은 머릿속에 안 담아둬요. 그런데 이미 캐스팅이 얼추 돼가는 타이밍이라 머릿속에 담아두지 않으려고 해도 자꾸 들어오긴 하는데 캐스팅을 머릿속에 담아두고 써야 써진다는 작가들이 있는데, 그건 왜 써지는 거냐 하면 그 인물을 갖고 온 거예요. 송강호 배우가 말한다고 하면 그 말투가 나오잖아요. 저는 그게 싫어서, 인물을 안 갖고 오는 거거든요. 예를 들면 이선균을 놓고 박동훈을 썼으면 안 나왔죠. 이선균의 이미지가 있는데 그렇게 나갔겠죠.

새 드라마는 JTBC에서 방영 예정인데 채널에서 방송하면 좋은 게 넷플릭스 오리지널로 간다고 하면 '폭삭 속았수다'는 예외지만 한 방에 릴리즈하고 끝나는 거잖아요. 앞이 재미없으면 그냥 뒤에는 다 버리는 거예요. 앞에 2개만 클릭 되고 나머지 10개는 아예 클릭 자체가 안 되고 끝나버리는 거죠. 그런데 채널은 기본적으로 두 달의 릴리즈 기간이 있어요. 앞이 재미없어도 두 달 계속 릴리즈가 되면 어떻게든 보게 되고 걸린다는 거죠. 넷플릭스는, 기본적으로 OTT는 재방에 대한 저작권 문제가 없어서 돈을 크게 주고 빨리 끝나요. 그런데 채널로 들어가면 좋은 점이 본방을 1화를 했어, 그러면 1시간 뒤에 넷플릭스에서 볼 수 있어요. 동시 방영이라고 하는데 이게 훨씬 나은 거예요. 물론 넷플릭스가 누구에게나 다 해주진 않죠. 돈을 줘야 하는 거라 작가랑 프로그램도 보고 '이거는 같이 동시에 하자' 그런 넷플릭스의 기준이 있어요.

저작권이 없는 게 문제인데요, 법안을 만들어야 해요. 언젠가는 될 거 같은데, 이번에 좀 바뀌면 될 수도 있을 거 같아요. 넷플릭스나 OTT에 요구하는 게 우리가 국내에서 잘 됐어, 그런데 해외에 또 팔려, 그러면 우리가 팔렸으면 돈을 받는다는 개념이 있잖아요. 그래서 해외에서 판매 수익을 나눠 갖는 건데 기본적으로 넷플릭스는, 인터넷 기반은 한 방에 릴리즈 하기 때문에 해외에 팔렸다 이런 개념이 아닌 거잖아요. 전 세계를 동시에 릴리즈하는 거라 개념이 없는 거예요. 해외에 또 팔렸다가 안 되는 거죠. 그런데 사실 '할 수 있다'고 생각해요. 왜냐하면 넷플릭스가 국내만 하게 되면, 해외에 열면, 미주에 열면, 그때마다 돈을 다르게 할 수 있다고 그러는데 이걸 절대 안 하겠다는 거예요. 왜냐하면 미국은 작가한테 저작권이 없으니까요. 기본적으로 그들은 노동자예요. 작가 조합이에요. 그들은 파업해서 다른 명목의 뭔가를 받아내요. 우리하고는 다르죠. 클릭 수대로 돈을 얼마를 더 받는다, 그러니까 너희는 재상영, 다시 방영하면 거기에 대한 수익금을 나눠준다, 이런 식으로 그들은 노동조합이라 파업해서 싸워서 그 조항을 새로 만들어내는 거예요.

우리는 노동조합도 아니고, 우리는 그 사업자고, 우리는 저작권법이 있는데 뭐 이런 차이가 있는 거죠. 우리도 미국처럼 그걸 협상을 할 수 있는 법 조항이 있어야 해요. 넷플릭스가 유럽은 다 그렇게 저작권을 해주고 미국도 다 주는데 우리나라만 법이 없으니까 안 해주는 거죠. 하지만 언젠가는 될 거라 생각해요.

자료 조사

    자료 조사는 주인공의 직업만 보면 나중에 직업군이 잡히면 해요. 예를 들면 박동훈 같은 경우는 건축구조기술사잖아요. 구조 기술사는 건축사와는 다르거든요. 건물의 구조와 시공이 안전하게 이루어졌는지를 평가하는 직업이라 자료조사를 많이 했어요. 드라마에 형사도 나오거든요. 그러면 형사분들 자문받아야 하고 또 도청하는 것도 나오는데 그러면 도청업자 연락해서 자문받아야 하고요. '나의 해방일지' 같은 경우에는 편의점 직원을 쫓아다니면서 자료 조사를 했어요. 염기정은 리서치 회사 다니니까 거기 몇 번 나가보면 되는 거고요. 싱크대도 경기도를 다 돌아다니면서 봤고 실제 하시는 분 인터뷰를 했는데 그분 이야기 받아 적고요. 직업군에 대해서 자료 조사를 하는 건 반드시 해야죠.

    전에 의학 드라마 같은 건 작가들이 병원에 가서 살고 취재하고 그랬었는데 요새는 AI가 워낙 잘 조사를 해줘서 장르물 쓰기는 좋아졌대요. 장르물은 기본적으로 '법' 이런 거 물어보기도 빠르고 ChatGPT가 다 알아서 알려준다고 하더라고요. 그런데 저는 활용도가 없어요. 저는 마음과 정서에 관한 얘기인데 정보를 주는 건 용이하지만 전혀 크리에이티브하진 않아요.

#천직

계약한 드라마가 세 편이 있어서요, 60세까지는 써야 할 거 같아요. 더 늦으면 못 쓸 거 같고, 한 살이라도 젊었을 때 빨리 쓰려고요. 계약한 드라마 세 편만으로 노후 대책 끝내고 안 쓰려고요. (웃음)

지금 쓰고 있는 드라마 '모두가 자신의 무가치함과 싸우고 있다' 마무리하면 두 편이 남는 건데 그거까지 마무리하면 저 60세가 넘어요. 하나가 4, 5년이 걸리니까요.

제가 모든 직업을 곰곰이 생각해 봤어요. 커피숍을 했으면, 선생님을 했으면, 무엇을 했으면…. 다 생각해 봤는데, '아, 27년은 못 하겠다'였어요. 그래서 내 직업은 '이게 맞다'라는 생각이 들었죠. 드라마 쓸 때 아이템을 딱 놓고 딴 얘기를 만들고 딴 세계에 빠지는 거잖아요. 이러니까 힘들어도 지루함은 덜한데 내가 의사를 했으면 그걸 20년 똑같은 말 하고 있고, 커피숍은 20년간 일하면 어디 아프고 그랬을 텐데, 내가 20년간 아이템은 바뀌가면서 다른 세계를 파면서 다른 인물을 파면서 하니까 이걸 했지, 그래 이 직업이 제일 낫지, 그중에서 돈이 제일 잘 되고요. (웃음)

작가 지망생

재능이 있는 사람이 하는 게 노력인 거지, 재능이 없는 데도 노력해서는 안 되는 거 같아요. 솔직히 제가 여태까지 봤던 보조 작가며 여러 작가가 있었잖아요. '안 돼! 야, 안 되겠다, 빨리 딴 일을 알아봐라' 이 말이 여기까지 차오르지만 절대 안 해요. 이유가 너희들이 다 미니 시리즈나 좋은 작품만 하려고 하면 먹고 살긴 힘들겠지만, 그건 안 되겠지만, 본인의 적성에 맞는 라디오 작가도 있고, 예능작가도 있고, 어린이 드라마 작가도 있고, 학습 만화책 작가도 있고, 다른 장르가 있기 때문에 '너 작가 안 돼'라는 말을 할 수 없죠. 드라마 작가는 안 되겠지만 다른 길은 있으니까요.

그러니까 제가 다큐멘터리 작가 하려다가 드라마로 왔듯이 그 친구들이 어느 장르에 어떻게 갈지는 모르겠기에 말은 잘 못하지만, 자신에게 맞는 장르를 선택하고 결정하는 게 중요하다는 생각이 들어요.

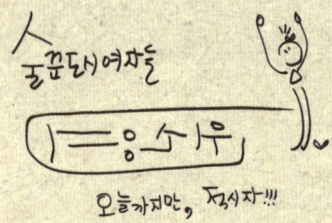

오늘까지만, 지지자!!!

# 술꾼도시여자들 tvN
위소영 작가

프로그램	tvN	오 나의 귀신님
	tvN	또 오해영
	TVING / tvN	술꾼도시여자들 시즌 1
		술꾼도시여자들 시즌 2

#시작

대학교 3학년 때 아르바이트로 초록뱀 미디어라는 회사에서 월 50만 원을 받고 원작 기획 작가, 그러니까 원작 책을 읽고 드라마로 바꿔주는 일을 했어요. 일주일에 서점 가서 책을 열 권씩 읽고 그 책을 만약에 드라마로 바꾼다면 이렇게 바꿀 수 있다 이런 일을 했죠. 시놉시스처럼 이건 이렇게 바꾸면 좋겠네 이렇게요.

당시에 어느 PD가 제가 바꿔놓을 걸 보고 '야 이거 진짜 재미있어, 왜 다 재미있어 보여?, 너 좀 잘한다' 해서 눈에 띄게 되었어요. 그래서 그다음 시작한 게 정식으로 양희승 작가님 밑에서 시트콤 '얍'에 아이디어 작가로 들어갔죠. 양희승 작가님을 그때 처음 만났고 그 인연이 저 지금 드라마 하게 해준 인연이에요. 최초의 DMB 드라마였거든요. 그걸 잘해서 그다음에 '거침없이 하이킥'을 하다가 예능으로 가게 됐어요.

그때부터 외주 제작사를 돌다가 DSP에서 이용우 PD를 만

나서 KBS '좋은 나라 운동본부' SBS '한밤의 TV 연예' SBS '짝' SBS '웃찾사' SBS '붕어빵'을 했고요, 그 후에 다시 드라마로 와서 tvN '오 나의 귀신님' tvN '또 오해영' TVING '술꾼도시여자들 1.2'를 했습니다.

같이

요즘 합창에 빠져서 살아요. 합창하는 이유가 일단 평생 살면서 내가 이렇게 행복했던 적이 없었거든요. 예전에는 스트레스를 술로 풀었고 그전에는 등산이었는데 둘 다 나이가 드니까 체력이 안 되더라고요. 그래서 합창을 하기 시작했는데, 사실 첫날 노래하는데 눈물이 주르륵 나오는 거예요. '이거 행복하다' 왜 행복한지 이유를 생각해 봤더니, 합창은 '같이' 하더라고요. 내가 노래를 안 해도 되고 슬쩍 틀려도 되고요.

사실은 예능을 했을 때는 몰랐는데 드라마에선 너무 외로웠어요. 혼자 쓰다 보니까 내가 책임도 다 져야 하고 너무 힘든데 합창하는 순간은 내 팀이 있고, 같이 노래를 부르고, 너무 진심인 거예요. 합창단이 매주 화요일 7시인데 원래 그날이 '한마음' 드라마 작가들 모임이에요. 지금 이 합창단에 빠져서 드라마 모임을 4개월째 안 가고 있어요. (웃음)

합창

'솔가람 합창단'이라고 파주에 사는 분들이 하는 합창단이라고 생각하시면 되는데 합창단 단장님이 이상적인 것도 있고 꿈도 많으신 분이세요. 이분이 남자 친구랑 우리 둘을 알게 돼서 남자 친구는 뮤지컬도 했고 연극도 했다고 하고, 그리고 저는 작가고 하니까 그림 좀 되겠는데 싶어서 문화관광부에 기획안을 써서 올렸는데 선정이 돼서 '뮤지컬 합창'을 기획해서 하게 됐어요. 시나리오는 제가 써요. 저희 단원들 얘기를 할 거거든요. 은퇴한 사람도 있고 평범한 분들인데 그 사람들이 실제로 연기하고 노래도 할 거예요. 요즘 이런 게 너무 행복해요.

저희가 합창단이지만 끝나면 10분씩 솔로도 해요. 어떤 나이 많으신 아저씨 한 분이 나오셔서 '저 구름 흘러가는 곳' 딱 한 소절을 부르는데 거기서 또 제가 눈물이 주르륵 흐르는 거예요. 합창단 사람들이 아마추어인데 노래를 기술로 안 하고 인생으로 불러버리는 거예요. 마음으로 불러버리는 거죠. 그러니 여기서 누가 당해요. 눈물이 주르르……. 사람이 마음으로 뭔가를 해버리면 당해낼 재간이 없는데 노래는 아마추어들인데 마음으로 노래를 불러버리니까 감동인 거죠. 그 뒤로 합창 생각밖에 없고 인생이 행복하고 그냥 글 쓰다가 노래하고 매주 화요일만 기다리는 거예요.

예능과 드라마

예능 작가로 시작해서 드라마 작가를 하잖아요. 애정이 가는 예능은 '한밤의 TV 연예'이고 드라마에서는 '또 오해영'인데 두 개가 이유가 같아요. 바로 스승! '한밤의 TV 연예'에서는 장경림 작가 밑에서 처음으로 구성을 배웠고 구성 작가로서 구성이 뭔지를 배웠어요. 아무것도 모르는 저한테 알파벳 A부터 Z까지 다 알려주신 분이시죠. 지금도 구성이 잘 안 잡히면 '한밤의 TV 연예' 대본을 그대로 다 가지고 있어서 그걸 다시 봐요. 정말 너무 대단한 구성들이었어요. 그 안에 사건 담당, 광고 담당, 기획 담당, '조영구가 만난 사람' 담당 이렇게 있었거든요.

제가 '한밤의 TV 연예'를 3년 했는데 처음에는 저한테 광고 조그마한 거 3분짜리를 주더라고요. 나중에는 제가 기획 담당 8분을 하는데 8분이면 '한밤의 TV 연예'에서 제일 긴 걸 하는 작가였어요. 그때 구성을 많이 배웠어요.

그리고 드라마는 '또 오해영'인데 그건 박해영 작가님을 만났기 때문이죠. 박해영 작가님에게 배운 건 하나였어요. 작가는 기술이 아니라 마음으로 글을 쓰는 거라는 걸요. 드라마를 마음으로 쓰는 작가가 우리나라에 몇 명이나 있다고 생각하세요? 3명도 안 될 거라고 확신해요. 마음으로 쓰는 척하는 거지 진짜 마음으로 쓰는 작가는 없어요.

또 오해영

대사는 박해영 작가님이 쓰신 거고요, 제가 보탬을 드린 건 에피소드들을 많이 드렸어요. 박해영 작가님이 좀 힘들었던 부분들이 있었어요. 아무래도 대사가 통통 튀어야 하는 부분들이 있었는데, 1, 2부만 쓰시고 너무 힘들어하고 계셨죠. 제가 3부 회의할 때쯤 보조 작가로 들어갔어요. 아직은 입봉할 때가 아니라 보조 작가로 들어간 건데 제가 잘하니까 박해영 작가님이 저를 올려주신 거죠. 저는 저의 연애담을 많이 드렸어요. (웃음)

#3대 3

 예능 작가의 좋은 점 노동주가 맛있다. 녹화 끝나고 회식할 때 먹는 소주 맛이 제일 맛있어요. 녹화 끝나고 마시는 술을 '노동주'라고 표현하거든요. 드라마 작가들이 제일 부러워해요. 진짜 맛있거든요. 또 모든 게 '엔 분의 일'이요. 잘 돼도 엔 분의 일, 잘 안돼도 엔 분의 일. 시청률이 안 나와도 책임이 분산되잖아요. 그리고 세 번째는 감이 안 떨어진다. 드라마를 하다 보니까 감이 떨어지는 거 같은데, 쉽게 말하면 드라마를 하면 촌스러워져요. 예능을 하면 트렌디해지고요. 드라마는 회의를 안 하니까 말 주변도 떨어지는 것 같고 소통하는 것도 떨어지는 것 같고요. 예능 작가는 늘 그룹 토크에 익숙해져 있잖아요. 그러다가 1:1 토크를 하러 가면 전장에 말없이 맨몸만 가는 것 같아요. 이 말이 맞나 싶고 스스로 말을 해 놓고 어떻게 받아들일지 걱정되고 이런 게 있더라고요.
 옛날에는 말하면 사람들이 막 웃었는데 지금은 아 옛날보다 안 웃는다, 내가 웃기기나 한가, 이런 생각이 들어요. 감 떨어진 거죠. 드라마 작가의 좋은 점 3개는 첫 번째 내 맘대로 해외여행 갈 수 있다. 해외여행이라고 생각하니까 딱 맞더라고요. 쉽게 말하면 스케줄을 내 마음대로 쓰는 건데, 예능 할 때는 해외여행을 못 갔어요. 주마다 프로그램을 하다 보니까요. 드라마는 그거 하나는 참 좋아요.

두 번째는 잠수 타도 된다. 예를 들면 예능은 카톡에 대답 빨리 안 하면 난리 나잖아요. 그런데 드라마는 핸드폰 좀 안 보고 하루 있어도 문제가 없어요. 세 번째는 예능 작가 선배님들이 인정해 준다. 드라마에 오니까 좋은 게 예능 작가 선배님들이 '야, 소영아 너 잘될 줄 알았어, 너 옛날부터 일 잘했지!' 이렇게 인정을 해주더라고요. 어디서든 예능 선배님들 만나고 예능 PD들 만나는데 갑자기 태도가 완전히 달라져 있어요.

옛날에는 별로 관심 없었던 사람들이 지금은 완전히 달라요. 예능연구회장 하시는 곽상원 선배님만 봐도 지금 저한테 얼마나 잘해요. 옛날엔 그렇게 못했거든요. (웃음) 그리고 퇴임 없이 오래 일 할 수 있어서 좋은 거 같아요.

작업과정

 만약에 1~5번까지 작업을 해야 한다면 예능은 모든 분업을 동시에 하고 동시에 끝나요. 드라마는 제가 1번을 하면 2번한테 넘겨줘야 해요. 제가 글을 쓰면 연출이나 PD한테 넘겨줘야 하거든요. 같이 하지 않아요. 일단 나 혼자, 내 손에서 시작하고 끝을 내야 다음 배우가 배턴을 이어받고, 다음 연출자가 배턴을 이어받을 수 있어요. 예능은 함께 동시에 하고 드라마는 혼자 끝까지 한다, 그게 가장 과정이 다른 점 같아요.

#잘 만든 예능

예능에서는 '이혼 숙려 캠프'요. 최고의 관찰 프로그램이라고 생각하는데, 한 장면 한 장면 진짜 같은 장면이 나오기까지 얼마나 많은 작가들이 뒤에서 눈에 보이지 않는 노력을 했을지 안 봐도 느껴져요. 모르긴 몰라도 수도 없이 인터뷰하고, 쫓아다니고, 이야기하고, 설득하고, 기다려주고, 중재하고, 또 달래고, 설득했을 거예요. 매회 가공되지 않은 진짜 캐릭터들이 콩고물 떨어지듯 툭 떨어졌을 리 없거든요.

잘 들리는 드라마보다 사실 잘 보이는 드라마를 좋아해요. 그 얘기는 보면서 대본이 생각나면, 글이 생각나 버리면 머리 아프거든요. 작가라 그럴 수도 있지만 위에 질문에서도 말했듯이 1번에서 제가 넘겨주면 그다음부터는 연출의 영역, 또 그다음부터는 배우의 영역이라 제가 쓴 거랑 다르게 가공해서 또 다른 세계를 만들어 놓죠. 그러면 그 자체로 보여야 하는데, 가끔 보면 대사가 너무 좋고 대사가 너무 강하면 드라마에 집중이 잘 안돼요. 그러니까 라디오 드라마 듣는 것 같이 들리기는 잘 들리는데 뭔가 자연스럽게 잘 보이는 드라마인지는 잘 모르겠어요. 솔직히 모든 드라마의 1, 2회는 의무적으로 보지만, 자발적으로 마지막 회까지 본 드라마는 거의 없어요. 그럴 시간에 '모던패밀리'를 다시 몰아보는 편이 나은 것 같아요.

#잘 만든 드라마

　최근에 본 '스터디 그룹'이라는 드라마와 '이토록 친밀한 배신자' 이 드라마는 연출을 너무 잘하셨더라고요. 한석규 씨도 잘했고요. 연출의 힘과 배우들의 연기가 이미 대본을 넘어간 거죠. 누구나 관점은 다르겠지만 제가 볼 때는 그래요.

연민

여러 사람이 각각 다 주인공이 되는 드라마를 지향해요. 한 사람이 주인공인 드라마는 진짜 같지 않거든요. 저는 사람에 대한 연민이 많은데 제 컴퓨터 아래에 붙어 있는 한 문장이 있어요. 남이 아무리 아프다 한들 내 손톱 밑에 낀 가시가 제일 아프다는 말이에요. 생각해 보면 내 손톱 밑에 낀 가시가 아프다는 건데 저 사람 손톱 밑에도 가시가 있을 거고, 이 사람도 있을 건데 모든 사람한테 손톱 밑에 가시가 있는데, 내 손톱이 아니라 저 사람 손톱 밑에 낀 가시는 어디에 있을까! '연민'이라는 게 이 사람이 자꾸 아픈 거, 저는 그걸 찾아내는 게 어릴 때부터 심했어요. 항상 불쌍한 걸 설레는 걸로 착각했어요.

연민이 가면 그걸로 주체를 못 하겠더라고요. 어릴 때 늘 그게 헷갈려서 항상 연애가 힘들었었고 지금도 연민 때문에 가족하고도 늘 싸우고요. '왜 너는 자꾸 이상한 부분에 연민을 느껴?' 저는 그걸 찾는 게 발달해 있는 사람인 것 같아요. 그러다 보니까 모든 사람을 다 자꾸만 넣으려고 하는 것 같아요. 나만, 너만, 연민 있는 거 아니잖아. 여기 애도 아프고 쟤도 아프잖아. 그런 아픔을 바라볼 수 있는 시각이 돼야 작가가 될 수 있는 거 아닐까 하는 생각은 해요. 단순히 주인공뿐만 아니라 내 극에 나오는 모든 인간에게 다 그런 가시가 있고, 모두 고통이 있다는 걸 보는 사람들도 함께 느꼈으면 좋겠다는 생각은 들어요. 인생에서도 우리가 각자 인생의 주인공이잖아요.

#기쁨, 시청률, 원고료

저는 or, 아니고 and 라서요. 시청률이 잘 나오면 그 다음엔 원고료가 잘 나오겠구나 싶어서 기뻐요. 시청률이 잘 나오는 순간, 아! 이제 내 원고료도 올라가겠구나! 하는 생각이 들어서 기쁘고, 원고료를 받고 나서는 너무 부담돼요. 이제 써야 하니까요.

그리고 솔직히 돈 욕심보다 명예욕이 크고, 명예욕보다는 애정욕이 더 큰 거 같아요. 그래서 원고료보다는 시청률이 잘 나왔을 때 더 기쁜 것 같고, 시청률이 잘 나오는 순간에 사랑하는 사람이 옆에 있는 게 제일 큰 기쁨인 것 같아요.

술꾼도시여자들

제가 쓰고 있던 원작 드라마가 있었어요. 제가 쓰고 있는 드라마 제작사에서 '본 팩토리'로 이동하면서 어디서 판권 돌아다니는 게 하나 있는데 위 작가가 술 좋아하니까 원고료로 300만 원줄 테니 해보자 했어요. 300만 원은 말도 안 되는 금액이었죠. 제가 지금 회당 5,000만 원을 받거든요. 그때는 돈이 없었고 생계형 아르바이트로 시작했는데, 앞에 4장을 보고 덮었어요. 내용이 없더라고요. 세 명이 술 마시는 건데 안주 이야기밖에 없는 거예요. 그래서 저랑 제 친구 이야기를 써야겠다고 생각하고 이거 다 바꾸면 안 되냐고 했더니 다 바꿔도 괜찮다고 하시더라고요.

3명의 이야기를 1부로 후루룩 써서 그 자리에서 넘긴 거죠. 1부부터 마지막 회를 쓰는 순간까지 술술 써졌어요. 내 이야기였고, 나의 친구들 이야기였기 때문에요. 그러고 보니 그때까지 모든 면에서 꾸준히 실패한 인생을 살았는데, 20년 동안 유일하게 성실하게 해온 게 술이랑 친구였다는 걸 깨달았어요. 술이랑 친구는 둘 다 배신한 적이 없으니까요. 내 인생에 확실히 진짜였던 두 가지, 이 두 단어가 합쳐지니 '진짜'가 나온 것 같아요. 그렇게 나온 게 '술꾼도시여자들'이었어요.

#친구

 마흔셋을 찍었지만 우린 아직도 미혼이고, 만나면 미친 듯이 술을 마십니다. 아시아나 승무원인 지연이는 여전히 위스키를 먹고 입가심으로 와인을 마시고, 방송작가인 지희는 녹화가 끝나고 세상 부러운 노동주를 마셔요.

 사실 그간 술을 이기려고 먹은 거 같아요. 하지만 대본에도 있듯이 '술을 이기려고 먹는 자는 술을 즐기는 자를 이길 수 없다'라고 지연이와 지희는 내가 아는 사람 중에 가장 술을 맛있게 즐기는 사람이에요. 대학 친구들인 지연이 지희와 방송국 동아리에서 선배들로부터 술을 엉망으로 배웠어요. 옛날식으로 배웠죠. 술만 먹으면 뭐가 그렇게 억울하고 투쟁할 게 많은지 늘 시비가 붙거나 언성을 높였고, 솔직히 말하면 경찰서도 많이 들락거렸어요. 합의해야 했던 적도 있었고요. 최근에는 이촌동 이자카야에서 박해영 작가님과 박순태 프로듀서와 술을 먹고 시비가 붙어 경찰서까지 갔는데, 박순태 프로듀서가 조용히 그러더라고요. "경찰서 가서 괜히 박해영 작가 실명은 거론하지 마세요" 그때 또 몹시 술을 먹고 싶었어요.

정확히 20년 넘게 술을 그냥 마신 게 아니라 퍼붓듯이 먹은 거 같아요. 앞으로 20년은 절주를 해볼 생각인데, 술 대신 나를 더 행복하게 하는 걸 찾았으니까요.

강점은?

　예능으로 데뷔했기 때문에 융통성이 많아요. 그래서 드라마에서 꼭 해야 하는 거, 2명이 꼭 주인공이어야 하고, 16부작이어야 하고, 한 회는 70분이어야 하고, 12부에서는 키스해야 하고, 3, 4부에서는 갈등이 고조돼야 하고 이렇게 어떤 형식들이 있는데 그런 거 제대로 배운 적도 없고 하고 싶지도 않아요. 실제로 드라마 작가들은 거기서 못 벗어나요. 요즘 드라마들 보면 정통 드라마 작가가 쓴 거 많이 없어요. 저는 생활형 대사라고들 하던데 대사를 쓸 때 '실제로 사람들이 이런 말을 써?'라는 검열을 많이 해요. 실제로 할 것 같지 않은 문어체적인 대사들을 최대한 지양하려고 노력하는데 진짜 같지 않은 건 이상하게 싫더라고요.

　그리고 에피소드에 강하다 뭐 이런 거요. 제가 전형적인 드라마 작법에는 약한 것 같아요. 이를테면 남녀 두 사람이 주인공이라든지, 주인공의 서사에 모든 게 집중된다든지 드라마라면 지켜줘야 하는 공식들이 있는데, 그런 것들을 지키려고 하면 엄청난 구렁텅이에 빠지는 기분이 들면서 어릴 때 진짜 하기 싫던 숙제를 꾸역꾸역 해내는 느낌이 들거든요. 그래서 자꾸만 새로운 소재와 구성 방식을 찾게 되는 것 같아요. 그런 것들은 잘하면 대박이지만 대부분 제작사나 채널의 걱정과 노여움을 산다는 가장 큰 문제가 있어요.

대사를 잘 쓴다거나 대사를 잘 친다고 주변에서들 많이 그렇게 얘기하시는데 대사라고 하는 이 질문 자체가 저는 말이 안 된다고 생각해요. '대사를 잘 친다는 게 뭐지?' 그런데 '술꾼도시여자들' 했던 PD는 구성이나 서사는 오래하면 는대요. 대사는 타고난다고 얘기는 하시더라고요. 그러면서 저한테 대사 잘 쓴다고 얘기해 주시긴 하셨는데, 박해영 작가님이나 임상춘 작가님은 정말 마음으로 쓰시고 잘 쓰시잖아요, 저는 그런 대사는 잘 못 쓰고 나이브한 대사를 잘 쓰는 것 같긴 해요. 왜냐하면 가짜 같은 걸 너무 싫어하거든요.

주인공

미리 정해두고 쓰죠. 재밌는 포인트는 항상 작가는 머릿속에 늘 정해 놓고 쓰는데 막상 생각했던 연기자가 섭외되는 경우는 거의 없어요. 많은 작가가 그렇지만 인정하지 않을 수 없는 것은, 작가의 생각대로 섭외되지 않은 배우들이 훨씬 더 좋은 성적을 내는 경우가 많아요. 아무래도 작가는 객관성이 떨어지는 거 같아서 섭외는 작가가 아니라 PD가 해야 맞다는 것에 인정합니다.

'촌놈들'에선 섭외가 돼서 결정될지는 모르겠지만 주인공 '더덕'에 '또 오해영'의 에릭(문정혁)을 생각하고 썼어요. '콘다'는 박해진을 생각하고 썼고 '동산이'는 구교환을 생각하고 있어요. '측만이'는 음문석이라고 충청도 출신인 배우를 염두에 두고 썼고요.

#세 편

 앞으로 세 편 정도 만 더 쓸 생각이에요. 박해영 작가님도 늘 세 편만 더 쓰고 그만 쓴다고 하시는데 지금도 또 세 편이라고 말씀하시거든요. 그런 거 보면 작가들이 다 그렇게 말하는 거 같아요. (웃음) 정말 딱 세 편 정도만 쓰고 싶어요. 다음 작품에는 승무원 이야기를 쓰고 싶고요. 실버타운 이야기, 마지막으로 진한 러브스토리 이렇게 생각하고 있어요.

 그리고 은퇴를 하고 시골로 가서 술집을 하나 차려놓고 사장으로 있으면서 지내고 싶어요. 주종이 소주인지 막걸리인지 거기까진 생각 안 해봤지만, 어릴 때부터 늘 주모가 되고 싶었고 물장사가 꿈이었으니까요. 그런데 생활 전선에서 하고 싶지는 않고 저는 노래하고 춤추고 '니체'처럼 시 쓰고 이거 세 개 하면서 살고 싶어요. 노래하고 춤추고 시 쓰고 이렇게 살아야지 맨날 말하죠.

작가 지망생

한예종에서 학생들을 가르칠 때 제 후임으로 온 친구도 이것 때문에 힘들어하기도 했는데, 한예종 학생들이 더 심해요. 요즘 글 좀 쓴다는 학생들이 표절 이런 것만 얘기를 들어서 저작권, 표절, 자기 아이템 이걸 누가 가져가면 어떡하냐가 어마어마하게 민감해요.

예를 들면 수업하려면 같이 페이퍼를 공유하고 피드백을 받고 해야 하잖아요. 그런데 페이퍼를 안 내요. 안 내고 "교수님 저는 D주세요, F까진 아니고 저는 안 낼게요." "왜?" "이거 제 건데 누가 가져가면 어떡해요" 이러는 거예요. 한 명만 그런 게 아니라 다 그래요. 특히 한예종 학생들은 이제 바로 데뷔한 학생들이 많기 때문에 자기네 아이템을 뺏어갈까 봐에 혈안이 되어 있는데 첫날 얘기했어요. 그렇게 할 거면 나가라. 이제 내 수업 못 듣는다. 피드백을 안 받고 너희가 좋아진다는 생각은 버려라. 그 유명한 김은숙 작가님도 아직도 피드백을 받는데 피드백을 안 받고 좋아질 수 있다고 생각하는 것 자체가 자세가 아니다.

예를 들어 누가 네 거를 가져갔다 치자. 걔가 잘돼. 그러면 걔가 잘 쓸 아이템이다. 그러니까 내 거를 가져가도 나밖에 못 쓸 수밖에 없는 아이템을 네가 애초에 선정했어야 한다. 애초에 아이템을 정할 때는 내가 잘 쓸 수 있는, 나밖에 못 쓰는 이야기를 해야 한다고 말하죠.

사실 좀 전에도 승무원 이야기 살짝 불안하지만 이야기한 게, 항상 그럴 때마다 무슨 생각 하냐면 '너도 승무원 일기 써. 난 나밖에 못 쓰는 승무원 일기를 쓸 거야'라는 마음가짐을 가져요. 이거 가져가면 어떡하지 생각하면 절대 시작 못 해요.

그런데 요즘 한예종 친구들이 다 그 마인드여서 제가 첫날부터 피드백 못 하고 공유 못 한다는 학생들은 수업 들어오지 말라고 했어요. 그리고 제가 한예종에서 처음으로 도입한 게 단체로 작업하는 거였거든요. 공동 작업이요. 예능 작가들은 한 페이퍼를 공동 작업하잖아요. 드라마는 공동 작업의 개념이 없어요. 한예종 학생들도 영화과 애들이라서 어떻게 한 페이퍼를 쓸 수 있냐고 의문을 제기해요. 그러면 이야기합니다. "막상 너희 실전에 나가 봐라. 네 거 PD가 손대, 누가 손대, 네 페이퍼 다 걸레 된다. 그거 받아들일 수 있어야지, 그 근육을 만들어야지"라고 얘기해서 처음에 한예종 학생들 수업할 때 공동 작업을 했어요. 4명 5명씩 묶어서 너는 PD라고 생각하고 넌 작가라고 생각하고 네가 이만큼 쓰면 또 네가 이만큼 쓰고 여기에 또 보태고, 그랬더니 힘들어하더라고요. 자기 거에 대한 프라이드가 너무 커요. 그런데 막상 그런 학생들 뚜껑 열어보면 아무것도 없거든요.

그러니까 그런 학생들은 뇌 구조를 바꿔놔야 해요. 너희가 소설 등단하고 그럴 거 아니고 방송하기로 했어, 그러면 페이퍼 그냥 털릴 생각하고 하라고 얘기를 하고 엄청나게 혼내죠. 다른 한편으로 생각하면 그게 시대 흐름이 그럴 수밖에 없는 게, 우리 때보다 훨씬 민감한 저작권에 대해서 유튜브의 발전하고 똑같이 가고 있는 것 같아요. 유튜브도 음악만 카피해도 걸리고 하니까 애들이 그럴 수 있다고 생각하는데, 그러니까 피드백을 받아들일 수 있어야 해요.

요즘 애들이 곱게 크고 혼자 커서 이렇게 누가 뭐라고 하는 걸 못 보는 거 같아요. 예전에는 한집에서 살면서 누나한테 혼나, 오빠한테 혼나, 그러면서 스스로 피드백이 된 건데 요즘 애들은 누가 뭐라고 못 하잖아요. 학교 선생님도 뭐라고 못 하죠. 어릴 때부터 너무 몸에 익숙한 거 같아요.

제가 한예종 두 번째 수업 때 뭘 했냐면 하얀 칠판에다가 '우라까이' 딱 쓰고 시작했어요. 학생들이 약간 '띵'하더라고요. 우라까이가 일본 방송 용어지만 예능에서는 우라까이가 '힘'이었다. 사실 예능은 예전에 일본 거 가져다가 변형도 했잖아요. 지금 중국이 그러기도 하고 지금은 판권 문제가 심하지만 무조건 베끼라는 얘기가 아니라 우라까이 정신이 필요하다는 거죠. 남의 거 가져다가 내 걸로 변형해 봐라, 도둑질하라는 게 아니다.

학생들은 대단한 주제를 하려고 해요. 예술하고 싶은 건데 일단 시작은 우라까이 해서 하다가 마지막에 네 거를 찾아야 한다고 하죠. 처음부터 어떻게 찾아요? 못 찾아요. 근육을 길러놔야 하거든요. 우라까이를 하라고 하면 학생들이 반응이 안 좋아요. 자기들은 우라까이 안 한다 이거죠. 그러면 제가 이야기해요. 세상에 하늘 아래 새로운 거 없다. 예능에서는 맨날 하는 말이잖아요. 그 정신으로 하면 너희가 뭐든지 다 쉽게 할 수 있다. 학생들이 항상 첫 기획안의 한글 파일을 못 넘어가는데 처음부터 새로운 걸 쓰고 싶은 거예요. 그러니까 힘든 거죠. 열정이 대단한 것은 물론 인정해요.

OTT가 공중파보다 자유로운가?

그나마 나은데 OTT가 편하진 않아요. OTT가 판도가 달라져서 예전엔 공중파나 케이블 채널, 종합편성 채널보다 다 OTT를 가고 싶어 하잖아요. 달라졌기 때문에 더 잘 써야 OTT로 갈 수 있어요. 이번에 드라마 협회 컨퍼런스도 다녀왔어요. OTT 시장이 너무 어렵고 갈 데가 없어서 OTT라는 개념이 잠깐 있다 사라지는 거 아니야 싶을 만큼 저희의 전망은 너무나 어려워요. OTT가 지금 돈을 못 써요. 물론 넷플릭스가 완전 약육강식이긴 하죠.

심의나 이런 부분에서 편하냐고 물으시면 당연히 심의 부분에서 편한 건 맞아요.

죽기 전에 쓰고 싶은

 사랑 이야기요. 생각해 보면 젊은 시절부터 지금까지 가장 열심히 해왔고, 가장 열심히 실패했고, 앞으로도 끊을 생각이 없는 유일한 것이기에, 이 부분에서만큼은 언젠가 한 번쯤은 정면 대결을 해야 하지 않을까 생각하고 있어요. 생각해 보면 항상 저는 옴니버스, 그냥 이런 사람들 얘기, 뭐 '술꾼도시여자들'이나 '촌놈들' 같은 걸 쓰니까 사람들은 이런 거를 하려나 보다 생각하겠지만 사실 그걸 안 쓰는 이유가 있어요. 농익어서 쓰려고요. 정말 엄청난 러브 스토리를 쓸 거예요.

 그걸 언젠가 쓸 건데 그 시기가 언제인지 보는 거예요. 사실 사랑 얘기 쓰고 싶어서 드라마 작가가 됐거든요. 그런데 그걸 지금은 쓰면 안 되겠더라고요. 지금은 '촌놈들' 쓰고 있어요. 12부작인데, 8부까지 마쳤고요. TVING이랑 tvN에서 동시에 방영할 예정이에요. 보통 4~5년 정도 쓰는 작가들이 많은데 저도 한 2년 정도 된 거 같아요. 원고료가 많다고들 하지만 햇수로 나누어 보면 또 그렇게 많지는 않은 것 같아요.

아무튼 언젠가는 엄청난 러브스토리를 쓸 거예요. (웃음)

#'술꾼도시여자들 대사들' 중에서 스스로 마음에 드는 대사는?

2부 (미친 듯이 술 먹는 삼인방이 하는 말)

소희Na 등산에 미친 사람들에게 산에 오르는 이유는
산이 거기 있으니까 라고 한다.
누군가 술에 취한 우리들에게
왜 이렇게 달리는 거냐 묻는다면 술은, 언제나 거기 있
으니까!

8부 (바닷가에 놀러 간 삼인방)

소희Na 수많은 연인들이 이 바닷가에서 만나고 헤어지고,
정들고, 헤어지고, 그렇게 청춘을 나누어갔다.
하지만, 이 구역의 진짜 위너는, 역시 할머니였다.
믿거나 말거나 팔순이 다 되어 그리스로 시집을 간다는

할머니는 이렇게 말했다.

횟집할매 (구수한 강원도 사투리로) 사랑들 해. 사랑보다 좋은 게 없어.
(지연을 보며) 밥 먹듯이 해봤다고 휘뚜루 건너뛰지 말고.
(지구를 보며) 안 해봤다고 또 미련하게 안 하고 있지 말고
(소희를 보며) 그저 시치미 뚝 떼고 처음 해보는 것처럼 이쁘게 해.
붙어살건 갈라 살건 물레방아를 돌리건 떡방아를 찧건 남자들은 하나같이 그지 새끼들이야.
그래도 안하는 것보단 하는 게 낫다 이 말이다. 알았제?

소희Na 예전엔 저 모래알처럼 지천에 널린 게 사랑이었던 것 같은데,
언제부터였을까? 이렇게 사랑이 어려워진 게…
우리한테도 남은 사랑이 있긴 한 걸까…?

강철부대
강숙경

강철부대 채널A
강숙경 작가

프로그램		
	SBS	좋은 세상 만들기
	MBC	놀러 와
	Mnet	고등래퍼
	Olive	한식 대첩
	채널A	강철부대
	넷플릭스	피지컬 100

수상 내역
2021년 - 한국 방송작가 협회 예능 작가상(강철부대)
2022년 - 대한민국 콘텐츠 대상 국무총리 표창

군인 가족

강원도 춘천에서 태어났는데 경기도 양주에서 자랐어요. 28사단과 25사단 사이에서 자랐다고 볼 수 있죠. (웃음) 아버지가 28사단 공병 부대 수송관이었는데 어릴 때 춘천에서 4남매가 부모님과 같이 살다가 아버지께서 28사단으로 오실 때 저만 데리고 양주로 오셨죠. 아버지가 출근하실 때 저를 PX에 두고 가셔서 PX에서 한동안 자랐어요.

군인 아저씨들이랑 새우깡 하나를 하루 종일 먹으면서 아버지를 기다렸던 기억이 있고, 회식하러 가셔서 술 한잔 드시면 저를 깜빡하고 안 데려가서 군인 아저씨들이 저를 오래 데리고 있고 그랬던 기억도 있어요. 군사 지역에서 자랐는데 나중에 가족들이 양주로 와서 같이 살 때는 집 뒤에 사격장이 있었어요. 군사 지역에 살다 보니 어릴 때 학교 갈 때도 군인 행군 행렬에 껴서 가기도 하고, 모의 간첩 훈련하면 간첩 잡으러도 다니고요. 엄마가 관사에 사는 걸 싫어하셔서 시골 마을에 살았는데 제가 살았던 마을이 11가구 정도 사는 조그마한 마을이었어요.

그런 환경이다 보니 TV를 잘 안 봤어요. 밖에서 맨날 뛰어놀고 구슬치기하고 자치기하고 토끼 잡으러 다니고 거의 밖에서만 놀았어요. 겨울 되면 손 터서 갈라지고 그런 애였죠. 그리고 어릴 때 동네에 텔레비전이 없었거든요. 완전 시골에서 살았으니까요. 나중에 TV가 우리 집에도 생겼을 때는 문 여닫는 그런 TV가 있었는데 나가서 노느냐고 만화 영화도 잘 안 봤어요.

사실 방송 작가가 뭔지도 몰랐어요. 제가 사학과였는데 대학교 때 마당극을 했거든요. 연기도 하고 연출도 하고 극본도 쓰고요. 마당극은 원래 사회적 이슈를 많이 다루잖아요. 그러다가 4학년 때 선배가 방송 작가라고 있는데 저하고 잘 맞을 것 같다는 거예요. 방송 작가가 뭔지 모를 때였는데 해보라고 해서 우연히 하게 된 거죠. 제가 SBS 아카데미 1기거든요. 소질이 좀 있었는지 졸업하기 전에 취업이 됐어요. 그래서 얼떨결에 방송작가가 된 거죠.

초긍정

저는 완전 극 'F'라 목표 지향적인 사람은 아니거든요. 목표를 세워놓고 하거나 계획을 세우는 스타일은 아니긴 한데 저는 '어차피 잘될 거야' 항상 초긍정적인 사람이에요. 뭐든지 다 잘될 거라고 생각해요. 제가 오늘 딸이랑 한 문자 어딘가에도 다 잘될 거라고 말했거든요. 잘될 거라는 말을 가장 많이 해요. 스스로한테도 많이 하고요. '다 잘될 거야' 거기에는 잘 되게 하겠다, 잘 되고 싶다가 다 포함돼 있어요. 보통 작가 3년 차까지가 일은 제일 힘들다고 하는데 힘들다고 생각하진 않았던 거 같아요. 진짜 힘들었을 때가 작가를 하다가 이 일이 나한테 맞는 건가 하는 생각을 한 적이 있어요.

메인 작가가 처음 됐을 때 뭐랄까 저는 교양도 했다가 예능도 했다가 예능도 MBC, SBS, KBS 등 하고 싶을 때마다 하고 싶은 걸 하러 방송사를 다녔거든요. 가는 데마다 적응하는 게 힘들기도 했지만, 후배들이나 작가들이랑은 잘 지내는데 그 외의 것에 힘들었던 거 같아요.

　예를 들면 후배가 엄마 돌아가셨다고 그러고 그만뒀는데 다른 팀 가서 일하고 있고, 그다음에 불치병이라고 그래서 그 말을 믿고 걱정했는데 다른 방송사 가서 일하고 있고, 그런 거짓말을 할 거라고 생각을 안 해 봤거든요. 어떻게 알았냐면 거짓말하고 간 후배들이 새로 일을 시작하면 PD들이 저한테 연락이 오는 거예요. 이력 보니까 작가님이랑 일했던 친구들인데 어떠냐고 물어보는 거죠. 그래서 진짜 고민을 많이 했는데, 일로 보면 그렇게 못하는 친구들은 아니니까 잘한다고 말해줬어요. 이런 거짓말에 많이 속았다가 두 명한테는 전화를 한 적이 있었어요. '네가 다른 데로 간다고 했어도 나는 그냥 보내줬을 텐데 그런 거짓말은 아닌 것 같다' 특히 불치병이라고 했던 그 친구는 그만둔 다음에도 PD한테 얘기해서 한 달 정도 월급도 더 챙겨주고 이 친구 일을 제가 하겠다 하고 신경을 많이 써줬거든요.

　이런 일이 계속되면서 '이 세계에서 나는 잘 안 맞나?' 이런 생각이 들었어요. 작가들이 말이 프리랜서지 팀으로 일을 하다 보니 선후배 사이의 소속감이 세거든요. 그런 결속력의 힘으로 버틴단 말이에요. 그런데 그때 이런 생각을 했어요. 어차피 우리가 가족도 아니고 이 끈끈함은 어떻게 보면 비전 있는 선배가 일단 중요하다. 그러니까 신뢰하고 있고 비전이 있어야 친해지기도 하는 거지. 그래서 능력 있는 선배가 되면 많은 게 해결될 거로 생각했어요. 후배들이 '내가 저 선배를 따라가고 싶다'라고 생각을 하면 거짓말도 안 한다고 생각했죠.

강철부대

SBS '좋은 사람 만들기' Mnet '고등래퍼' Olive '한식 대첩' 그리고 MBC '놀러 와'를 정말 재밌게 했어요. '놀러 와' 이후에 서바이벌 프로그램을 하면서 그런 예능을 많이 안 하긴 했죠. 저는 제가 많이 배웠다고 생각하는 프로그램이 애정 있는 프로그램이거든요. 그래서 제일 애정이 가는 프로그램은 '강철 부대'인 거 같아요. '강철 부대'는 참가자들의 인간적인 거, 뭔가 포기하지 않는 거, 그 사람들은 진짜예요. 우리가 말로는 '패배는 있어도 포기란 없습니다' 이런 거 흔한 말이잖아요. 그런데 그 사람들이 게임에서 이기지 못할지언정 포기하는 모습을 보이지 않았어요. 그리고 군인이 아니고 예비역이잖아요. 자기가 소속했던 그 부대에 대한 명예나 자존심이나 국민을 지키는 그런 사람들이었고, 그런 모습을 보여야 한다는 게 이 사람들은 군인을 선택해서 간 사람들이잖아요. 부사관이거든요. 다 특수부대고 일반병이 아닌데, 실제 '육준서'라는 친구가 강철 부대 히트에 큰 견인을 했는데 고등학교 때 'UDT'를 가고 싶었대요.

제가 극한의 미션을 짰잖아요. 이걸 해낼 수 있을까, 없을까 할 정도의 변별을 할 수 있는, 누가 더 잘하는지를 봐야만 하니까 그런 미션을 짰는데 제가 생각한 것보다 더 잘해요. 제가 시뮬레이션 한 거보다 훨씬 더 뛰어난 거예요. 그리고 정신력이 대단해서 제가 미션을 짜고도 보면서 촬영장에서 진짜 많이 울었어요. 그래서 후배들이 맨날 놀렸고요. 강철 부대는 내가 살아가면서 나도 힘든 일이 있을 때 저런 마음가짐이 중요하겠다, 그런 생각이 드는 프로그램이었어요. 촬영 자체도 저도 극한의 체력을 썼기 때문에 한겨울에는 영하 19도에서도 촬영을 했거든요. 강철부대는 세트가 하나도 없어요. 부대는 아니고 평창에 있는 실제 특수 부대들이 훈련하는 장소를 섭외해서 했는데 촬영 장소가 바닷가라면 바닷가에다가 우리가 시설물, 미션을 다 설치하는 거예요.

시즌 1, 2는 코로나 시절이라 부대에서 촬영이 아예 불가했거든요. 총기는 실제 우리나라에 총기를 만드는 방산업체가 있어요. 방산업체에 가면 그 업체가 총기를 개발했으면 거기서 시험하느라고 쏠 수 있는 곳이 있는데 시즌 2는 거기 가서 촬영했고 복장은 마크나 이런 건 우리가 다 달고 실제 여러 가지 옷을 골라서 지금 특수 부대랑 비슷한 옷이 있거든요.

예를 들면 707이면 흑복 그런 비슷한 옷으로 해외 주문도 하고 그랬죠. 특전사, 707, HID, 해병대, 해병대 특수수색대, UDT, UDU, SSU, 그다음에 SDT 군사 경찰, 군사 경찰이라는 게 육군에도 있고 해군에도 있어요. SDT는 그러니까 사병이에요. 특임 군사경찰이라고 여기는 부사관으로 가는 게 아니라 보통 일반병들이 군대 가서 SDT로 갈 수 있어요.

어릴 때부터 군복에 익숙하고 '충성' '단결' 이런 거에 익숙한 데다가 군인에 대한 친밀감이 있었어요. 예를 들면 군인 훈련에 대한 이해가 어릴 때 군사 지역에서 살아서인지 확실히 좋았어요. 미션을 짜고 나서 이게 말이 되는지를 다 물어봐요. 신체적인 미션은 실제로 체대생들하고 시뮬레이션을 해보고 수정하는데 무게를 더 늘려야 할 것 같고, 거리를 늘려야 할 것 같고, 총기는 거리를 어떻게 해야 될 것 같고, 소총은 어떻게 하는 게 좋을 것 같고 이런 걸 수정해요. 보통 사람들이 특수 부대를 잘 알진 못 하는데 저는 특수 부대 서바이벌만 계속해서 모르는 게 별로 없는 거 같아요.

아버지가 군인 출신이고 제가 군사지역에 살았다는 걸 제작진은 전혀 모르고 있었죠. 그때 유튜브에 '가짜 사나이'라는 프로그램이 인기가 있었거든요. MBC에는 '진짜 사나이'가 있었고요. 그런 프로그램들을 보면서 '진짜로 하면 더 재미있지 않을까?' 이런 생각을 했었어요. 제가 군인을 너무 잘 아니까 이런 거 진짜로 하면 더 재밌을 텐데 이런 생각으로 '강철부대'는 시작되었죠. 진짜 군인들 모여서 서바이벌하면 너무 재밌지 않을까 이런 생각을 한 거죠.

우리나라에서 사실 군인들이 한자리에 모일 일이 없는데 모으기만 하면 무조건 잘될 거로 생각했어요. 보통 프로그램 할 때 '진짜 쉽지 않을 텐데'라고 하는 걸 주로 파고드는 편이고요. 그때가 저한테 굉장히 중요한 시기였어요. 그때가 49세였는데 '내가 언제까지 작가를 할까?' 그런 생각을 하다가 용감하게 50대를 맞자 해서 생각한 게, 가장 힘든 프로그램을 하자, 그다음에 한 번도 일해보지 않은 사람이랑 하자, 한 번도 안 해본 채널이랑 하자, 그런 마음을 먹었죠. 힘든 조건을 다 갖춘 프로그램이 '강철부대'였어요. 채널 A가 처음이었고, PD도 전혀 모르는 사람이었고요.

녹화 전에 시뮬레이션할 때 이 프로그램은 잘 되겠다는 확신이 있었어요. 오늘 일당을 받고 하는 사람이랑 내가 목숨을 걸고 하는 사람이랑은 다를 텐데 그 간극이 얼마냐는 게 궁금했거든요. 과연 그 차이가 얼마일까 시뮬레이션도 여러 번 해봤는데, 그렇게 해도 난이도가 낮아서 드라마틱하게 안 나오면 심심할 거고, 이걸 너무 높여서 못 해내면 프로그램을 망치는 거잖아요. 그래서 엄청나게 고민해서 시뮬레이션한 것보다 난이도를 좀 높였는데, 실제 촬영 때는 더 잘했어요. 다 멋

지게 해냈죠. 실제 군인들이고 몸을 쓸 줄 아는 친구들이라 자기가 자기 몸을 어느 정도 하고 남도 안 다치게 하는 걸 알았거든요.

방송에는 안 나갔지만, 실제 우리가 하지 말라는 행동이 많았어요. "여러분 잘 보세요. 관절기 하면 안 되고 타격하면 안 돼요. 물속에다 얼굴 넣고 이렇게 하시면 안 됩니다" 그걸 다 설명하죠. 서바이벌은 촬영 전에 최소 3개월 전부터 시작해요. 처음에 출연할 사람을 찾는데 강철 부대는 사람 찾는 게 너무 어려웠어요. 공식적으로 찾을 데가 없었으니까요. 요즘 친구들은 인스타를 주로 하니까 자기가 어느 군인 출신이라고 올린 사람들을 찾았고, 그중 한 명을 만나면 같이 전역한 사람, 선배, 후임 이런 사람 다 추천받았죠. 요즘은 서바이벌 프로그램에 학교나 단체에서 사람을 추천해 주는 걸 꺼려해요. 개인 정보 유출이라서요. 그래서 군대 관련된 사람들을 찾아서 이 사람들한테 의향을 좀 물어봐 주면 안 되냐고 우리 연락처를 남기죠.

다행히 최영재 대위라고 마스터분이 707부대 출신이어서 그분을 통해서나 우리 마스터들이 화면에 많이 안 나오지만 해병대 특수수색대 마스터도 있고 해군, 육군, 공군 이렇게 다 있어서 그분들한테 일단 부탁했죠. 어느 부대만 세게 뽑으면 안 되니까 골고루 뽑거든요. 어떤 부대가 정확히 세다고는 할 수 없는데 부대의 특징은 다 다르더라고요. 예를 들면 육군 특전사가 대표적인 건데 707도 특전사의 707이거든요. 거기는 진짜 위계질서, 상하 관계, 그다음에 훈련 자체도 매번 점수를 측정하고 미달되면 안 되고 거기서 항상 훈련하고 지내는 친구들이라 굉장히 철저해요. 제대하면 예비역이지만 그래도 그 문화 자체가 있어요.

해군은 수평적이고 육군은 오자마자 계급이 그대로 존재해요. UDT는 서로 인사하고 편하게 대해요. 그래서 미션을 주면 작전 회의를 하는 것도 굉장히 달라요. UDT는 "네 생각은 어때" 이렇게 다른 사람의 의견도 물어보는데 특전사나 707은 "야, 내가 생각하기에는 이런데 이렇게 하자" 선임이 결정하죠. 다 그런지 모르겠는데 제가 본 군인의 특성은 달랐어요. 확실히 해병대는 진짜 단합과 결속과 멘탈이 그냥 그 해병대 사람들이 생각하는 그런 정신이 있긴 있어요.

방송을 보면 UDT 출신을 시청자들이 좋아해요. 미션 할 때는 군인 같은데 아닐 때는 또 매력이 있죠. 이렇게 모집한 사람들을 다 미팅을 해요. 영상을 다 찍고 그 영상을 몇 번이고 다시 보거든요. 그리고 최종적으로 부대별로 그 부대의 성향이 잘 드러나는 사람을 뽑아요. 누가 봐도 특전사 같은 사람, 누가 봐도 해병대 특수수색대 같은 사람을 뽑고 그다음에 강한 사람, 캐릭터가 좋은 사람 이렇게 골고루 뽑는 거죠. 촬영할 때는 네 번 정도 나눠서 촬영하는데 첫 촬영이 제일 길어요. 첫 촬영이 두 부대 떨어지는 걸 한 번에 찍기 때문에 6박 7일 정도를 돌아다니면서 찍어요. 세트 프로그램들은 1주일 단위 이런 규칙적인 녹화 시간이 정해져 있는데 야외에서 찍는 서바이벌은 한 번에 다 찍는 경우가 많아요. 장소 헌팅은 다 같이 다니는데 촬영 장소가 갯벌이라고 하면 가장 괜찮다고 하는 갯벌을 네, 다섯 곳을 가요. 산도 어디 산이 좋을지 다 가보고 행군하기 좋은 데 있으면 다 걸어 보고요.

출연자들 외모는 시청자가 보기에도 진짜 강인해 보이거나 그런 느낌의 기대에 부응하는 사람들을 뽑거나 아니면 의외의 섬세함이 있어서 사람들이 궁금하고 빠져들게 하는 매력이 있는 사람을 선발해요. 실제 촬영하면서 실탄은 밖에서 쏜 적은 한 번도 없고 소총 중에 안전 때문에 실탄을 장착할 수 없게 돼 있는 총들이 있어요. 방산업체에서 총기를 우리가 가져올 수 없으니까 실제 구매할 수 있는 총들도 있어서 구매해서 사용하기도 하는데 마찬가지로 안전장치가 돼 있어서 실탄을 장착할 수 없어요.

복장은 구매하는 사이트가 있는데 사실 복장이나 소품 이런 곳에도 제작비가 많이 들지만, 야외 촬영으로 맨날 어디를 다니다 보니까 많은 스태프들이 먹고, 자고 하는 그런 경비도 만만치 않았어요. 세팅비가 많이 드는데 부대를 빌려서 부대

안에서 촬영하면 그 안에 있는 시설들을 이용하면 되는데, 코로나 때라 도와주는 데가 없었어요. 그러다 보니 밖에다 돈 들여서 세팅하면 촬영 마치고 그걸 또 철거해야 하는데, 그렇게 하니 제작비가 많이 들었어요.

강철 부대는 헌팅 가고 제작해서 해보고 이런 시간이 굉장히 많이 걸렸어요. 촬영 장소는 작가들이 구글 보면서 막연하게 찾는데 산을 찾는다면 아주 높지 않고 길이 나있는데 이런 걸 그냥 찾는 거예요. 전라도, 경상도, 전국을 구글 어스 같은 거 켜놓고 막 찾아요. (웃음)

돌발

다치고 이런 사고는 없었는데 우리가 생각지도 못한 행동을 하는 친구들이 있었어요. UDT에 정종현이라는 친구가 미션을 하는데 UDT 시절에도 1등 사수에 몸도 멋있었거든요. 이 친구가 건물 내에 진입해서 진압하는 미션이었는데 들어가서 대항군 보스를 사살해야 하는 데 4층이 넘는 미션 방에 들어갔더니 보스가 없는 거예요. 옆에도 가봤는데, 없으니까 다른 방에 있는 거 같은 거죠. 그런데 건물 밖으로 나가서 거기에 가려고 하는 거예요. 우리 생각에는 문으로 나와서 문으로 가야 되잖아요. 그런데 군인이니까 건물 외벽을 타고 가서 대항군이 자기가 외벽 타고 오는지 모를 테니 그렇게 사살하면 된다고 생각한 거죠. 완전 군인 마인드로요.

갑자기 들어가서 수색해도 없으니까, 창문으로 막 나가는데 촬영하다 다들 놀랐어요. 다행히 PD가 빨리 나가서 다리를 잡고 "안돼" 이렇게 외쳤거든요. (웃음) 훈련할 때의 그 생각

그대로 하는 거죠. 이런 일이 많았어요.

또 한번은 우리가 바다에서 더미의 로프를 절단해야 하는데 오종혁이 미션을 수행하러 배를 타고 갔는데 조류 때문에 더미가 쓸려간 거예요. 그 부대에는 미안했지만, 어쩔 수 없는 상황이었거든요. 더미가 조류로 쓸려 내려와서 촬영하는 배 밑쪽으로 갔는데 이 사람이 그 밑으로 더미가 있어야 하는데 없으니까 "더미 어딨어요?" 하는데 말해줄 수가 없잖아요. 그런데 위험하다는 생각을 안 하고 배 밑으로 그걸 가지러 가는 거예요. 그래서 안 된다고 소리를 지르고 말렸는데 그때 생각이 나요.

그리고 힘들다, 아프다는 말을 안 하니까 엄청 유심히 봐요. 미션 하다가 탈진하거나 기절할 수 있거든요. 그래서 안전의 위험이 있으면 일단 중단시키는데, '힘들다'라고 안 하고 '할 수 없다'는 말을 아무도 안 해요. 그러니까 '못한다'라는 말을 아무도 안 하니까 그런 사고가 날까 봐 굉장히 신경 써요.

HID에 이동규라고 있어요. 출연 당시에 전역한 지 얼마 안 돼서 20대 초반에 처음 나왔는데 HID가 '아저씨'라는 영화에서 원빈이 HID거든요. 요즘은 그 말을 안 쓰고 '북파 공작원'이라고 하는데 사람들이 생각하기에 'HID'하면 나이가 있을 것 같은 느낌에 북한 군인처럼 위장해야 하니까 키도 작고 그런 사람을 뽑았다는 말이 있었어요. 그런데 이 친구는 나이도 젊고 키도 크고 요즘 친구같이 생긴 데다 젊은 친구였는데 멘탈도 좋아서 꼭 하고 싶었어요. 그 팀의 팀웍이 너무 좋으니까 실제 그 사람들의 평균 체력보다 두 배의 힘을 내서 그 부대가 '강철부대' 시그니처 같은 타이어 플립을 할 때 자기네보다 피지컬이 좋은 부대보다도 압도적으로 해내서 제작진이 다 놀랐죠. 촬영하는데 너무 빨라서 우리도 당황해서 빠르게 이동하면서 그 부대를 찍을 정도였거든요.

눈물

일단 기본적으로 도전하는 걸 좋아하는데 승부욕이 있지는 않거든요. '도전해서 이긴다'가 아니라 도전하는 그 과정을 재밌어해요. 안 된다고 하는데 해보거나, 되겠어 하는데 해볼까 하거나, 오히려 저는 가벼운 마음에서 하는 것 같아요. 저한테 왜 그렇게 서바이벌을 하냐고 기자들이 많이 질문하는데 저는 제가 멋있다고 생각하는 사람들과 함께하는 걸 좋아해요. 그러니까 서바이벌 할 때 제일 중요하게 생각하는 게 우리 주변에 평범한 사람이 영웅이 된 스토리를 제가 좋아하고 '우리 주변에 봤던 사람인데 저런 사람들이 알고 봤더니 저런 멋있는 사람이었어'라는 스토리텔링 하는 걸 좋아해요.

어떤 직업군을 고르냐면 제가 봤을 때 멋있다고 생각하는, 예를 들면 특수부대를 봤는데 너무 멋있는 거예요. 그러면 서바이벌해야겠다 이런 식으로 제가 봐서 멋있고 배울 점이 있다고 생각하는 사람들의 서바이벌을 하거든요. 나중에 스토리가 잘 돼서 이 사람들이 모든 사람한테 사랑받는 그런 영웅이 되는 스토리가 제가 제일 좋아하는 스토리거든요.

그리고 직접 하는 걸 좋아해요. 후배들이랑도 같이 촬영하고 방에서 같이 얘기하고 거기서 쪽잠 자다가 촬영하고 그런 게 재밌어요. 군인 가족의 DNA가 있어서 그런지 모르겠지만요. '고등 래퍼' 하고 그다음에 서바이벌 프로그램을 몇 개 하고 나서 이제 서바이벌 안 하겠다고 했었거든요. 그 이유가 계속 누군가를 탈락시켜야 하니까 감정적으로 힘든 거예요. 제가 미션을 짰지만, 서바이벌 '룰'이라는 게 시청자가 제작진을 욕하면서 참가자를 응원하는 프로가 잘 되거든요.

가혹할수록 시청자는 제작진을 욕하면서 이 사람을 응원한단 말이에요. 그래야 시청률도 잘 나오고요. 그 사람을 응원하는 마음이 점점 많아져야 다 잘 되니까 누군가 돋보이게 하려면 가혹한 룰이 있을 수밖에 없고, 누군가는 떨어지고 누군가는 살아야지만 사람들이 집중하니까요. 그런데 계속 누군가를 떨어뜨리니까 나중에는 너무 힘든 거예요.

'강철부대' 할 때도 그게 힘들었어요. 촬영하는 동안 제가 참가자들이랑 대화를 거의 안 하거든요. 담당 작가가 있어서 공정해야 한다는 것 때문에 담당 작가를 통해서만 얘기하고 사적인 대화를 아예 안 하고 미션을 설명하거나 하면 안 된다는 말만 제가 주로 하는데, 이렇게 지내면서 나 혼자 짝사랑이

심한 거죠. 나는 보면서 그 사람들을 좋아하고 사랑하게 되는데, 그들이 보는 저는 맨날 뭐 안 된다고 하시는 작가님 이렇게만 보다가 그들이 마지막에 데스매치라고 처절한 경기를 하고 떨어져서 집에 가는 걸 보면서 어디 숨어서 혼자 오열하면서 울어요. 촬영할 때 울고, 시사할 때 울고, 2차 시사할 때 또 울고 3차 시사할 때 울고 방송 볼 때 또 우는데 똑같은 데서 울어요. 그 장면이 나온다고 생각할 때부터 울어요. (웃음)

#피지컬 100

넷플릭스하고는 한 번도 안 해봤어요. '강철부대 시즌 2'를 하고 있을 때인데 MBC 장호기 PD가 넷플릭스에 '피지컬' 기획안을 낸 거예요. 그랬더니 넷플릭스에서 이걸 디벨롭을 해오라고 한 거죠. 누가 할 거냐, 어떤 작가가 하고 어떤 팀이 할 건지를 해오라고 했는데, 외주 회사 중에 '루이웍스'라는 회사가 '스우파'(월드 오브 스트릿 우먼 파이터)를 했던 회사였어요. 거기에 같이 했던 PD가 있는데, 장호기 PD가 그 PD한테 '강철부대' 작가님이 '피지컬'을 꼭 같이 해야 할 것 같은데 연결해 달라고 해서 만났는데 그때 '강철부대 2'가 4강부터 아직 촬영이 남아 있어서 동시에 하기가 어렵다고 했거든요. 왜냐하면 저는 촬영장에 가야 하니까요. 그렇게 할 수가 없다고 거절했는데 계속 같이하자고 전화가 왔고 '강철부대' 촬영이 다 끝나고 나서 같이 하게 된 거죠.

넷플릭스가 그 당시에는 누구랑 할 거냐가 너무 중요했었어요. 강철부대의 강숙경 작가가 하는 거냐가 중요했고 같이 '스우파' 했던 그 PD랑은 워낙 잘 맞았고 일할 때 MBC 장호기 PD는 처음 봤는데 교양 PD라 그런지 진지함이 좋았어요. 기획안도 예능 기획안이 아니었거든요. 그 느낌이 좋고 어떤 탐구하는 느낌의 프로가 저는 좋다고 생각했어요. 기획의 의도는 좋지만 이걸 만드는 건 예능적으로 민들이야지 구현이 되는 거라 그래서 같이 하게 됐죠. '피지컬 1, 2'가 있고 세 번째가 '피지컬 아시아'예요. 10월에 방영하는 게 아시아 편인데 일단 3를 어떻게 할지를 고민해서 정한 거죠. 국가 대항전을 하자, '피지컬 100'은 100명이 대결해서 1등 뽑는 거였거든요.

팀 서바이벌의 매력을 너무 잘 알잖아요. '강철부대'를 했기 때문에 그 결속력을 진짜 이길 수가 없어요. 그래서 국가대항전을 하자고 했는데 국가 대항전은 진짜 전쟁이거든요. 너무 어려울 것 같기도 했지만 제가 어려운 거 하는 걸 좋아하다 보니 국가 대항전을 하자고 해서 나라를 선정하고 그 나라에 다양한 운동선수를 다 리스트업하고, 현역, 은퇴자, 유명한 사람, 종목과 상관없이요. 왜냐하면 '피지컬 100'은 다양한 종목이 나오니까요. 이 사람들이 인스타 같은 걸 다 찾아서 뭘 하고 있는지 체크하고 그다음에 이 중에 우리가 연락을 해볼 만한 사람을 나라별로 추렸어요. 우리나라 포함 8개국의 대결이거든요. 아직 정식 오픈이 안 됐는데, 우선 필리핀의 국민복서

'파퀴아오'가 출전해요. 나라를 컨택한 다음에 DM을 보내고 현지 코디를 정해서 그 사람한테 연락해달라고 하고 현지에서 우리가 모르는 사람 중에 그런 사람이 있는지를 현지 코디한테 서치한 다음에 그 사람 중에 다 걸러서 줌으로 미팅해요. 그다음에 그 나라 가서 만나서 최종적으로 선발했죠.

실제로 촬영할 때는 국제회의처럼 뒤에 실시간 통역 부스가 쫙 있고 그렇게 했어요. 너무 힘들었어요. 우리가 한마디 멘트를 하면 그 말을 각 나라 통역이 '인이어'(무대 위에서 정확한 모니터링을 위한 목적으로 만들어진 이어폰)로 전달해요. 그런데 한국 부스에도 한국 사람이 있어요. 왜냐하면 다른 나라 사람이 말한 거를 한국말로 번역해서 한국 출연자들에게 전달해야 하니까요. 8개의 통역 부스가 있고 통역을 통해 미션을 고지했어요. 창작 게임이라 이 룰을 이해 못 해서 잘못하면 프로그램을 망치기 때문에 룰을 정확하게 이해했는지를 확인해야 했죠. 미션을 나라별로 통역을 통해서 설명하고 나라별로 다 질문을 받았고요.

아이 엠 복서

　지금은 마동석 씨와 '아이 엠 복서'라는 복싱 서바이벌을 준비하고 있어요. 복싱하는 사람들을 만나고 있는데, 마동석 씨가 MC면서 설계자예요. 이 프로그램은 '피지컬 100'처럼 세트 프로그램인데 '피지컬 아시아'는 올 10월경 넷플릭스에서 방영되고 이미 촬영은 다 마치고 시사 중이에요. 마동석 씨와 하는 프로그램은 tvN과 디즈니 플러스 동시 방영 예정이고요.

　마동석 씨는 어릴 때 복싱했고 복싱을 너무 사랑해요. 마동석 씨가 예능을 한 번도 안 했거든요. 유일하게 처음 하는 예능인 거죠. '강철부대'를 같이 했던, 지금 CJ로 간 이원웅 PD랑 복싱 기획안을 CJ에 낸 적이 있는데 마동석 씨가 유일하게 복싱만 좋아한다는 말을 듣고 CJ에서 우리한테 복싱 기획안이 있는데 마동석 씨랑 얘기가 돼서 그때 기획했던 우리에게 연락이 와서 만나게 됐죠. 아직 출연자 모집 기간이고 촬영이 7월부터 9월까지로 예정, 100명이 시작하는 복싱 스타를 뽑는 서바이벌 프로그램이거든요.

마동석 씨가 새로운 복싱 스타를 발굴하는 프로그램인데 본인이 복싱을 사랑하기도 하고 한국에서 복싱이 비인기 종목이라 복싱하는 사람들이 우리나라는 프로 경기도 별로 없고 이걸로 먹고 살 수가 없으니까 이런 게 너무 싫었데요.

처음에 안 하려고 몇 번 거절했어요. 왜냐하면 제가 이런 서바이벌 프로그램을 잘한다고 생각하는데 제가 노하우가 있는 건 맞지만 저는 저를 넘어서야 하니까 제가 했던 것 중에 안 해야 하고 뭔가 제 기준이 스스로 높으니까 너무 괴로웠거든요. 미션을 짜는 것 자체가 진짜 너무 괴로워요. 사실 복싱 자체가 비인기 종목이라 안 하려고 했던 건 아니고 서바이벌이 너무 힘들고 미션 짜는 게 너무 괴로워서 다른 거 하면서 한 텀 쉬고 싶었는데 마동석 씨가 제가 무조건 해야 한다고 하고 두 번째 만났을 때 사무실로 갔더니 사무실에다가 본인이 포스터를 만들어서 프로그램 제목 '아이 엠 복서' 작가 강숙경 그리고 자기 복싱 사진을 넣어서 벽에 붙여놨어요. (웃음)

마동석 씨를 만나서 그랬어요. 인기가 없는 데는 다 이유가 있다, 사람들이 안 보는 데는 이유가 있는데 이걸 보게 한다는 게 쉬운 일이 아니니까 우리도 마음을 열어야 한다, 우리는 다 이걸 좋아하는 마음으로 하면 안 되고 사람들이 이걸 보고 싶게 만들어야 하니까 마동석 씨도 마음을 열어야 한다, 복싱인데 왜 이런 걸 해? 복싱 이렇게 하면 안 되지, 이러실 거면 못한다. 그랬더니 아니라고 자기는 다 괜찮다고 무조건 한다고 하더라고요. 복싱을 잘 모르거나 안 좋아하는 데는 다 이유가 있는데 그렇게 만들면 어차피 안 본다고 생각을 한 거죠.

   사람들이 이 매력에 빠지게 하려면 다양한 시도를 해야 하는데 그게 어려울 것 같긴 해요. 그런데 어려울 것 같아서 하는 거예요. 주변에서 복싱은 비인기 종목인데 그런 프로그램이 되겠냐고 다 어려울 거라고 하는데 그래서 하는 거예요.

작가와 아내

우리 집은 제가 일을 하고 남편이 집에 있어요. 왜냐하면 제가 친정 부모님을 모시고 살았잖아요. 결혼할 때 이미 엄마가 아프셨고 누워 계실 때 결혼했는데 남편이 원래 하던 일이 있었는데 사실은 애 때문이라기보다는 집에 어른 두 분이 계시는데 아프시니까 누군가 한 명이 케어를 해야지 도저히 안 되겠더라고요. 둘 중에 벌이가 괜찮은 사람이 일을 하자고 상의해서 제가 일하고 남편이 집안일하기 시작했죠. 그래도 아내로서는 저는 50점은 넘을 것 같아요. 보통 생각하는 그 아내 느낌은 사실 아니지만 동반자로서는 무조건 90점 넘을 거 같고요.

그 높은 점수에는 그건 있는 것 같아요. 저는 이 사람과 결혼한 거에 대해서 한 번도 불평해 본 적이 없거든요. 처음에 이 사람이 순박하고 착하고 그래서 결혼했는데, 살다 보면 답답한 거 있잖아요. 그때마다 생각한 게 저게 좋다고 해놓고 저

걸 불평하면 의리상 아니다 싶었어요. 시아버님도 군인이셨고 같은 마을에서 같이 학교에 다녔는데 초등학교 때 남편은 처음 말 걸고 처음 좋아한 여자아이가 저래요. 남편이 말이 없고 수줍음 많이 타는 그런 남자애였거든요. 저는 여자인지 남자인지 성별을 알 수 없는 그런 아이였고요. 저는 독사 잡아서 장에다 7천 원에 파는 아이였어요. 우리 집에서 산 하나 넘으면 남편 집이었는데 맨날 우리 동네에서 제 얼굴 보려고 늦게까지 놀다가 산 넘어서 집에 가면 할머니한테 엄청 혼났대요. 초등학교 때 육상부였고 그렇게 어릴 때 만나다가 군대 가기 전에 봤고 그 뒤로는 모르고 지내다가 엄마 쓰러지고 나서 서른 살 넘어서 다시 만나게 됐고 서른네 살에 결혼했어요.

결혼한 계기가 개나리 때문인데, 남편이 오랜만에 저한테 전화했을 때가 제가 탄현 SBS에서 일할 때예요. 운전해서 자유로를 가는데 개나리가 활짝 펴서 기분이 너무 좋은 거예요. 원래는 잠깐 전화하고 끊을 텐데 그날 기분이 너무 좋아서 전화 통화를 얼마나 오래 했냐면 탄현에 가서 회의할 때까지 시간이 있어서 계속 통화를 하게 되니까 그때 갑자기 너무 친해진 거죠. 우리가 결혼하게 된 게 개나리 때문이라고 해요. (웃음)

올해도 개나리가 폈는데 갑자기 길을 가다가 우리 딸이 "아빠 개나리한테 절해야지" (웃음) 남편도 "여보, 우리 딸은

당신이랑 비슷하니까 개나리 필 때는 집밖에 내보내지 마! 개나리 필 때 만난 놈이랑 결혼할 수 있으니까 내보내지 마!" (웃음)

#'좋다'의 에너지

 저는 관심사가 많은 사람, 그러니까 좋아하는 게 많은 사람이 하는 게 좋다고 생각해요. 예를 들면 좋아하는 사람이 많든 좋아하는 스포츠가 있든 뭔가 '좋다'의 에너지가 있거든요. 내가 뭘 좋아할 때 에너지요. 방송이라는 게 정말 좋아해야 보는 거거든요. 요즘에 방송을 의무로 보지 않잖아요. 방송은 좋아서 만들어도 만들다 보면 그렇게 좋게 만들기가 쉽진 않거든요. 보는 사람이 좋으려면 이거 만드는 사람은 엄청나게 좋아해야 해요.

 제가 좋아하고 존경하고 멋있다고 생각하는 사람들을 제가 생각한 대로 제가 본 대로 멋있게 만들어야지, 사람들이 제가 생각했던 것처럼 좋아하게 만들어야지, 그런 마음으로 프로그램을 만들거든요. 저는 좋아하는 게 많고 좀 깊게 좋아하는 게 많은 사람들이 예능 작가를 하는 게 맞다고 생각해요.

작가의 작가

한 번도 은퇴를 진지하게 생각 안 해봤는데 두 가지 경우에 은퇴할 것 같아요. 좋아하는 게 없어지거나, 좋아하고 하고 싶은 게 있는데 할 수 없거나요. 그러니까 막 좋아하고 하고 싶은 게 있어도 어쨌든 물러서는 시기가 다 있잖아요. 영원히 앞으로만 가는 게 아니니까요. 아직은 좋아하고 하고 싶은 걸 도전해서 할 수 있을 정도인데 시간이 지나면 하고 싶어도 기회가 안 오는 시기가 오잖아요. 그럼 자연스럽게 은퇴할 거 같아요. 그때 그만하는 게 맞다고 생각해요.

은퇴 후에는 농사는 생각해 봤어요. 제가 실제 시골에서 자랐는데 시골에서 자란 사람들의 두 가지 유형이 있어요. 시골 생활을 너무 싫어하는 사람과 저처럼 시골에서 자랐는데 시골에 사는 걸 좋아하는 사람이요. 후배들한테 맨날 하는 말인데 나중에 내가 쌈 채소 같은 거 키우면 너희가 삼겹살만 사 오면 된다고요. 그런 생각도 해봤어요. 저는 '작가'라는 이 일을 너무 좋아하니까 작가 일을 하기에 좋은 재능도 많이 있고 성격 자체가 너무 잘 맞고요. 그래서 '작가' 하고 싶은 사람들을 가르치는 일이 저한테 좋은 일이라고 생각했어요. 기회가 되면 '작가의 작가' 일도 해보고 싶어요.

안용진 작가

# SNL 코리아 쿠팡플레이
안용진 작가

프로그램		
	쿠팡플레이	SNL코리아 시즌 1~8
	쿠팡플레이	직장인들
	tvN	코미디 빅리그
	Kt ENA	신병 시즌 1

공채 15기

제가 MBC 공채 개그맨 15기입니다. 고등학교 때부터 개그맨이 되고 싶어서 KBS '개그 콘서트' 달인 코너에 출연했던 노우진이라고 중,고등학교 동창인데 그 친구랑 같이 개그맨의 꿈을 키우다가 20살 때부터 개그맨 시험을 봤는데 계속 떨어졌어요. 세 번 네 번 계속 떨어지고 광운대학교 국문학과를 졸업하고 23살에 입대했고 제대하고 돌아와서 개그맨 시험을 봤는데 된 거죠. 26살, 2006년도였는데 그때 MBC 15기 동기가 지금 활동하는 이국주 그리고 김두영 그 정도가 유명한 친구들이에요.

개그맨 공채가 꿈이었고 공채가 됐는데 연기를 잘하거나 연기 전공이 아니다 보니까 아이디어 같은 건 잘 내고 코너는 잘 짜는데 내가 나를 잘 살리는 스타일은 아니었어요. 개그를 짜는 거에 만족하고 그렇게 해주다 보니까 어떻게 보면 개그맨이 되면 나 자체가 상품이고 브랜드라서 내 가치를 올려야 되는데 그거보다 개그를 잘 짜니까 팀에는 도움이 됐고 선배님들이나 PD님들, 그리고 작가님들이 좋아하셨던 것 같아요.

MBC '개그야'라는 프로그램에서 '사모님' 코너가 인기 있었고, 그 프로그램을 그렇게 짜주고 했었는데, 저한테는 플러스가 없었던 거죠. 개그맨으로서 다른 개그맨 좋은 일만 시켜주는 거였고요. 제가 2008년도에 결혼을 했는데 그때만 해도 '개그야'도 하고 있었고 스포츠 매거진 리포터도 하나 하고 있었고 케이블 프로그램 리포터도 3개를 하고 있었는데 결혼을 하고 신혼여행을 떠나는 날 아침에 하차 통보 2개를 받았어요. 갔다 오면 뭔가 되겠지 했는데 공개 코미디도 내 코너가 없으니까 계속 출연료를 받아 갈 수가 없었죠. 출연을 못 하거나 편집되는 경우도 많이 있어서 힘들었어요. 그런데 제가 데뷔를 하고 나서부터 작가 제의를 계속 받았는데 그때는 그런 말이 들리지 않았었죠. 개그맨 스타가 될 건데 내가 무슨 작가를 하나 그랬는데, 계속해서 어려운 시간을 보내고 동기들도 잘 되고 후배들도 스타가 되고 이런 것들을 보다가 지쳐가는 시간이 있었던 것 같아요. 생활고에 너무 막막했어요. 군대는 언제 끝나는지를 아니까 버틸 수가 있는데 이건 언제 끝나는지 모르는 게 무섭고 너무 암울한 거죠.

예를 들면 내가 공무원이나 회사원이면 내년이 지나고 직급이 올라가면 이만큼 월급이 오르고 연봉이 이렇게 되겠구나 계획이 되는데 그게 안 되다 보니까 계속해서 어떻게 해야 하지 이런 생각만 들었어요. 그 당시 제일 힘들었던 게 돌잔치 행사나 결혼식 사회 같은 걸 보러 다니면 개그맨들이 보장받는 금액이 있었어요. 공개 코미디가 엄청나게 생기고 공채 개그맨들이 많아지기 시작하면서 개그맨들이 100만 원 받는 행사가 어떤 애들이 나는 80만 원에 할게, 70만 원에 할게요, 이런 식으로 서로 제 살 깎아 먹으니까 단가도 낮아지고 금, 토, 일에 연예인으로서 있는 스케줄이 결혼식 사회나 돌잔치 사회 같은 걸 하는데 그 금액도 너무 적었던 거죠. 그나마 그거라도 해야 생활하는데 그것도 빚을 좀 덜 지는 지경이었어요.

한 달에 고정적으로 들어가는 생활비가 300만 원이라고 치면 내가 행사 하나를 해서 벌 수 있는 돈이 고작 180만 원 밖에 안되는 거예요. 나를 알지도 못하는데 가서 "안녕하세요! 저는 개그맨 누구고요" 이걸 하고 돌아올 때 현타가 오고 그러면서 개그맨 생활에 염증이 왔던 것 같아요. 내가 제일 사랑했었던, 되고 싶었던 일인데, 스타가 되지 않으면 정말 힘들겠구나, 그런 상황에서 개그맨 손헌수가 어떤 콘텐츠들을 만들때 저한테 작가 제안을 했는데 처음에 작가 제안을 받았을 때랑 다르게 느껴진 거죠. '왜, 다 나한테 작가를 제안할까? 이유가 있지 않을까? 한번 시작해 볼까?'로 어느 순간 마음이 바뀌어 있더라고요.

그러다가 작가로 한참 활동을 하시던 김진태 선배님을 만나게 됐고 그래서 선배님이랑 같이 프로그램하고 배우고 하면서 많은 가르침을 받았어요. 어떻게 보면 첫 스승이 중요한데 선배님은 남자 작가셨고 코미디를 사랑하시는 분이셨고요. 요즘은 그런 경계가 많이 사라졌지만, 그 당시만 해도 작가는 작가고 PD는 PD고 연예인은 연예인이었기 때문에 이 세계에서 저쪽 세계를 온 거에 반감이 있는 사람들도 많았죠. 왜 내 자리 뺏어 이런 것 처럼요. 아마 저도 어떤 울타리가 없었으면 지금까지 작가를 못했을 수도 있다는 생각도 드는데 그때 너무 좋은 선배님을 만나고 그 울타리 안에서 많은 가르침을 받으면서 작가에 대한 초석을 다지는 시기가 되지 않았을까 하는 생각이 들어요.

그때 기억에 남는 게 선배님이 술 좋아하셔서 술자리를 많이 했었는데, 차 타고 오면서 "용진아 항상 전후좌우 잘 살피면서 일하도록 해라"라는 얘기를 했었어요. 그걸 머릿속에 각인시켜 놓고 일을 했거든요. 좋을 때나 나쁠 때나 흥분하지 말고, 전후좌우를 보면서 하자라는 걸 좌우명으로 삼고 있고, '앞만 보고 달리지 말아라' 그게 기억에 남았어요. 선배님이 그 말씀을 해 주셔서 제가 항상 지금도 염두에 두고 있고요. 그때부터 선배님 밑에서 작가를 하다가 'SNL'에 지원하게 됐는데 거기서부터 많은 프로그램들을 확장하면서 했던 것 같아요.

개그맨과 개그작가

    확실히 이 두 가지를 다 경험하니까 코미디를 하는 건 같은 것 같아요. 코미디를 사랑하고 코미디를 한다는 건 같은데 역할이 개그맨은 무대 안에서 무대 밖을 바라보는 거고 개그작가는 무대 밖에서 무대 안을 바라보는 것 같거든요. 개그맨일 때는 내 위주로 코미디를 하죠. 내가 이렇게 하면 웃긴데 왜 날 방해하려고 하지, 특히 공격수들이 어떻게 보면 더 그런 것들이 많을 거예요. 내가 이거 하면 너무 웃긴데 PD 작가들은 어떤 이유로 그런 것들은 잘 받아주지 않는 경우도 있는 거죠. 개그 작가는 전체적인 걸 보다 보니까요. 이런 걸 제 주변에서 물어보는 친구들도 많이 있었어요.

    어떻게 대답했냐면 축구 게임으로 따지면 '위닝 일레븐'과 '풋볼 매니저'의 차이가 있다고 얘기를 해요. 그게 뭐냐 하면 '위닝 일레븐'은 내가 직접 선수를 움직여서 골을 넣고 득점하는 건데 '풋볼 매니저'는 내가 직접 팀 구단을 운영하는 거거든요. 선수는 이렇게 뽑아서 이렇게 하고 감독은 이런 선수를 넣어서 이렇게 넣고 운영은 이렇게 하고 이런 식으로 보는 게 다른데 예를 들면 개그맨을 할 때는 지금 내 코너, 내가 해야 할 것들, 여기에 갖춰서 하다 보니까 거기에 집중해서 그 부분을 계속해서 더 발전시켜서 할 수 있는 것 같고, 개그 작가는 어쨌든 코너 전체를 봐야 하고 프로그램 전체도 다 봐야 하고 이런 식으로 하다 보니까 보는 시각이 다른 것 같아요. 그게 어우러졌을 때 힘이 나고요. 예를 들면 코너를 만들 때 개그맨들은 내가 지금 하고자 하는 이게 웃겨, 그런 것들은 이들만 가지고 있는 재능이잖아요.

개그 작가는 그런 부분들을 잘 닦아주고 필요한 부분을 살려주지만, 이건 이런 부분들 때문에 좀 과한 것 같아, 사회적으로 이런 이슈들이 있기 때문에 지금 했었을 때는 이런 부작용이 있을 수도 있을 것 같아, 이런 조율을 잘하는 거 같다고 생각해요.

수입만 놓고 보면 잘 됐을 때는 연예인을 못 따라가겠죠. 예를 들면 '개그야' '사모님' 코너에선 김미려가 돈 제일 많이 버는 거고요. 그런데 평균적으로 봤을 때는 스타와 신인 격차가 크다 보니까 그걸 느꼈거든요. 저는 스타가 아닌 상태에서 개그맨 생활을 하다 보니까 그때는 보장된 금액이 없었어요. 이번 달에 출연을 못 하면, 이번 주에 출연을 못 하면 못 버는 거고 하면 받는 건데, 처음에 작가를 시작했을 때 좋았던 점은 그런 환경에 있다 보니까 작가는 프로그램이 없어지지만 않으면 꾸준히 나오는구나, 그게 좋았었거든요. 장단점이 있는 것 같아요.

연기와 특기

시험을 볼 때 제가 성대모사를 잘하거나 어떤 뛰어난 연기를 잘하는 게 아니다 보니까 팀으로 짰었어요. 연기를 못 하는 걸 숨기기 위해서 '나는 자연인이다'로 히트를 한 이승윤이랑 송병철이랑 셋이 팀으로 했는데, 서태지와 아이들에서 서태지만 뽑히지 않게 양현석 이주노까지 같이 간 것처럼 전략을 세웠죠. 연기에 대한 준비는 전혀 안 되어 있었고요. 연기를 전공한 것도 아니고 국문학 전공이었기 때문에 공채에 붙고 나서도 콩트 연기에는 자신이 없었어요.

특기라면 그건 잘했던 것 같아요. 말도 잘하고 MC 같은 건 잘 봤었던 것 같아요. 제가 인지도는 없는데 행사 MC나 대학교 축제 MC 가면 '저 친구 재밌다'라는 얘기 많이 들었어요. 프로그램이 없을 때 행사해서 돈은 벌 수 있었는데 인지도 없는 MC는 한계가 너무 명확해서 오래 하기가 힘들어요.

대본

 개그맨으로서 했던 건 '개그야'에서 개그를 했었고 '스포츠 매거진' 리포터도 잠깐 했었고 그다음에 '개그 콘서트'에도 잠깐 있었어요. MBC를 나가서 KBS에 갔었죠. 수근이 형 추천으로 그때 '굳세어라 안 사장'이라고 안상태 형이랑 같이했었는데 잘 되진 않았어요. 한 4주 정도 녹화를 하다가 현장에서 코너는 제가 기획하고 재미있었다고 얘기를 많이 들었는데 역할이 전혀 보이지 않는다는 얘기를 들었죠. 거기서 '이거 보시죠 회장님, 저거 보이시죠?' 이런 정도의 역할이었었고요.

 작가로는 '코미디 빅리그'도 했고, '배우 학교'라는 박신양 배우님이랑 같이 연기하는 리얼리티 프로그램도 했었고, '빅포레스트'라는 tvN 드라마도 했었어요. 금요 드라마 작가로 극본을 썼었고, '스파이'라는 영화에 대사를 한국화에 맞게 번역하는 작업도 좀 했고요. 예를 들면 코미디 영화인데 그게 한국으로 넘어왔을 때 원 대사들이 재밌는데 이걸 한국화시켜야 되잖아요. 이건 그들의 정서에 맞는 대사니까 이걸 한국화에 맞게 어떻게 하면 재미있게 할 수 있을까 하다가 저한테 와서, 후배들이랑 같이 작업도 했었어요.

그다음에 '신병'이라는 드라마도 시즌 1에 참여했었고, 'SNL'은 계속하고 있고요. 'SNL'이 가장 애정이 가는 프로그램이에요. 제가 개그를 짜고 이러다 보니까 대본을 많이 썼을 거 아니에요. 개그를 막내 때부터 정리하다 보니까 그런 것들이 대본에 대한 트레이닝이 됐었던 것 같아요. 연기를 잘하는 건 아니었는데 아이디어를 내거나 하는 것들은 잘했던 것 같아요. 특히 국문과 출신이어서 글을 쓰는 것에 대한 부담이 없었고, 그래서 작가를 하는 게 자연스러웠어요.

SNL

 '신병' 하면서 같이 'SNL'을 했었어요. 2013년도부터 'SNL'을 했었거든요. 시작한 건 2013년도부터였고 그전에 2011년도 12월 3일에 'SNL'이 처음 시작됐는데 tvN에서 2017년 시즌 9까지 하고 '에이스토리' 제작사로 가서 거기서 한두 시즌을 만들었고 그다음에 2021년 9월 4일부터 '쿠팡 플레이'에서 지금 시즌 6까지 하고 있어요. 'SNL'을 2013년도에 합류해서 작가로 꾸준히 하고 있어요. 코너는 야외 코너가 있고 스튜디오 코너가 있고 또 뉴스 포맷도 있었는데 저는 두루두루 다 돌면서 코너들을 맡아서 했고요.

 달라진 점은 예전에 tvN에 있었을 때는 작가들이 매주 했었거든요. 그러다 보니까 방전이 빨리 되는 거예요. 공개 코미디 같은 경우는 개그맨들이 짜온 아이템이나 개그맨들이 구상한 거에 살을 붙여주고 같이 조율하는 건데, 'SNL'은 아이템부터 대본까지 어쨌든 작가들이 다 하는 거거든요. 아이템도 선정을 받아야 하고 선정된 아이템을 대본화시켜야 하고 그 대본을 계속해서 디벨롭하고 그런 과정들을 하는데, 매주 하다 보니까 작가들 방전도 빠르고 완성도가 떨어지는 점들이 있는 거죠. 예를 들면 이렇게 했어요.

토요일 날 녹화가 끝나고 나면 회식해요. 회식이 새벽에 끝나고 나면 그다음 날 눈을 뜨면 아이템을 해야 하는 거죠. 그러니까 월요일부터 회의하는 거예요. 월요일 회의 아이템 선정이 부족하면 화요일 날부터 대본을 쓰고 수요일도 계속 대본 작업을 하고 목요일도 대본 작업을 하고 금요일까지도 계속해서 대본 작업을 하다가 토요일 날 녹화를 하는 시스템인 거예요. 작가들이 13명 14명 정도였었고 듣기로는 'SNL'이 처음 시작해서 초반에는 대한민국에서 코미디 작가분들은 아마 다 한 번씩은 미팅하셨던 걸로 알고 있거든요. 대부분 다 접촉을 하시다가 안 맞아서 가신 분들도 있고요.

지금은 작가 연출팀은 두 팀으로 운영하고 있어요. A팀 B팀 격주로요. 그래서 한 주는 생방송 주, 한 주는 정비 주, 기획 주처럼 하는 거죠. 그러니까 생방송에 투입되고 기획 주로 빠지고 계속 이렇게 바뀌는 거예요. 생방송처럼 움직이는 거죠. 저희는 라이브 무대니까 그걸 생방송이라고 생각하는 건데, 그렇게 목요일날 녹화를 하고 편집해서 나가는 건 토요일 밤에 나가요. 저희가 생방송으로 생각하는 건 관객을 불러서 다 공개로 하거든요. 1, 2차 공연을 하는데 목요일 첫 녹화가 저녁 6시 반 7시 라면, 목요일 아침 8시에 모든 크루와 호스트와 작가들이 다 모여서 회의를 시작해요. 대본을 가지고 리딩하면서 대본 회의를 시작하죠. 그 대본을 계속 수정하면서 가요. '이건 재미있는데, 이건 더 재미있는 게 없을까'하고 회의를 하는 게 목요일 아침, 이게 우리 녹화 날 아침이에요. 거기 동엽이 형도 있고, 있는 대본을 가지고 거기에 아이디어를 붙이는 거죠. 크루와 작가 다 모여서 12시까지 4시간 정도 한 다음에 점심 먹고 리허설을 시작하는 거죠.

리허설을 하면서 또 수정해요. '이렇게 해보니까 이게 좀 안 사네?' 하면서 수정하고 그다음 카메라 리허설을 하죠. 그러고 나서 또 수정하고 최종적으로 1차 공연을 하는데 그게 아마 6시 반 정도에 객석 관객 들어오고 바람 잡고 시작하고 나서 끝나고 나면 또 수정해요. 이건 좋았던 거니까 이렇게 하고 이건 살짝 이렇게 하면 더 웃길 것 같은데 하면서 또 수정해요. 그사이에 관객들은 체인지가 돼요. 1차 공연 관객분들은 퇴장하고 2차 관객분들이 들어오고, 그러니까 똑같은 공연을 두 번을 하는 거예요. 그게 공연의 완성도를 위해서 안 사는 건 빼고 잘 사는 건 붙이고 해요. 아무래도 1차보단 완성도가 있어서 더 재미있게 나가죠. 그렇게 하고 나서 그 생방송을 한 팀들은 금, 토를 쉬고 일요일에 처음 회의에 모이는 거예요. 그 주 일요일에 모여서 그때 다 다음 주의 아이템을 가지고 와요. 화요일에 다시 모여서 그때는 야외촬영 대본이 나올 때도 있고 아이템들이 계속 나오고 그 회의를 화요일, 수요일 계속하고 목요일은 녹화를 해요. 작가들이 목요일 금요일을 쉬면서 대본을 쓰고 토요일, 일요일에 만나서 회의하면 그때는 스튜디오 대본이랑 야외 대본을 수정하고 다음 주가 스튜디오 녹화니까 계속 회의를 하는 거죠.

제가 메인이고 다 후배들이고 하니 경쟁 구도는 아니지만, 그래도 선의의 경쟁은 있겠죠. 경쟁이 눈에 보이지는 않지만 건강한 경쟁이라는 생각은 들어요. 시즌이 그때그때 다른데, 12개를 방송할 때도 있고, 10개를 방송할 때도 있고 호스트에 따라서 좀 달라요. 호스트가 누구냐에 따라서 영향을 미치는 게 다르다 보니 그런 거 같아요. 경쟁은 본능이라서 작가뿐 아니라 출연자들 모두 개그 욕심이 있어요. 하지만 상대방에게 나쁜 영향을 주면 안 된다는 것, 그 선을 지켜가는 거죠.

섭외

섭외가 쉽지 않아서 공을 굉장히 많이 들여요. 동엽이 형이 친분으로 섭외하는데 예를 들면 이병헌 씨를 섭외할 때는 오랫동안 골프를 치면서 티 안 나게 많이 져주기도 하고, 몇 날 며칠을 집에 가서 새벽 3시까지 술 마시면서 출연 부탁을 했는데 계속 거절하셨대요. 마지막 3일째 되던 날 이병헌 씨가 속으로 '아, 내가 결국은 하게 되겠구나!' (웃음) 그날 'SNL'에 섭외가 됐죠.

보이지 않게 물밑 작업을 1년, 2년 하시고 공을 들여서 섭외하세요. 톱 배우분들을 많이 섭외하는데 이분들은 바로 다음 달에 합시다, 다음 주에 합시다가 안 되잖아요. 영화 개봉 시기라든지 드라마 출연 시기라든지 여러 가지를 그때 맞춰서 하는 것 때문에 섭외가 장기간이 걸리더라고요. 섭외에 공을 최대한 많이 들여요.

출연료와 작가료

　인터넷에도 나와 있는데 호스트 출연료가 과장이 많고 이건 공개하기가 좀 그래요. 팩트도 체크가 안 되고, 개인 계약을 해서 사실상 모르는데 인터넷상으로 떠도는 금액이 맞지는 않거든요. 몇억이다, 이런 것들이 돌고 하는데 정확히 모르지만 과장된 면이 꽤 있었던 걸로 아는데 그때 그런 얘기를 했었거든요. "이거 전혀 아닌데 어떻게 정정해야 하는 거 아니에요?" 그랬더니 누군가 그런 얘기를 했어요. "액수가 커서 좀 있어 보이는 것 같은데 그냥 놔둡시다. 우리 프로그램이 규모가 커 보이고 좋아 보이니까 그냥 정정하지 맙시다"라는 얘기도 있었던 것 같고 출연료는 아마 호스트분들의 어떤 여러 가지 상황이나 이런 것들에 따라서 개별로 조금 차이가 있는 것 같아요.

　원고료는 막내 작가 때는 많이 못 받아요. 막내 작가들이 옛날에 회당 30만 원이었다고 치면 최저시급 때문에 지금은

50만 원부터 시작하니까 아무리 막내여도 최소 240~250만 원 정도에서 시작하는 걸로 알고 있고 예전에는 기획료를 못 받는 경우가 많이 있었는데, 요즘은 100%는 아니지만 예전에 비해서 그런 점들이 좋아지고 있는 것 같아요. 3개월 동안은 무조건 지급이 된다든지 요즘은 제도적인 장치도 있고요.

전체적으로 다 좋아졌다고 할 수는 없지만 제가 느끼기에는 더 좋아지고 있지 않나 싶고 그게 계속 좋아져야 한다는 생각이 들어요. 일반적으로 연차가 쌓여 갈수록 작가료가 대폭 올라가니까 일반 직장인보다는 두세 배 정도 수입이 된다고 보면 맞아요.

열린 신동엽

　동엽이 형이랑 제가 'SNL'을 한지 10년이 좀 넘었어요. 제가 같이하면서 많이 느끼는 점 중에 국민 MC고 어떻게 보면 나이로도 그렇고 본인이 감도 좋고 뛰어난 코미디 감각을 갖고 있는 분이기 때문에 우리가 회의할 때 독단적으로 가면 제어하기가 어려울 수 있어요. '이 형은 왜 오래 갈 수 있고 대중들에게 사랑을 받을까'를 옆에서 지켜보면서 느낀 것 중 제일 큰 건 일단 꼰대가 아니에요.

　자기 의견을 충분히 내지만 어떤 누구든 막내의 의견이라도 귀 기울여 경청합니다. 그래서 그 얘기를 듣고 좋은 건 내가 냈던 것보다 좋다고 해요. 권위의식이 없는 거죠. 이렇게 하면 이거 재밌는 것 같은데 하다가도 막내나 누가 "여기서 이건 어떨까요?"라고 했을 때 그게 더 재미있으면 굉장히 열린 마음으로 받아들이거든요. 우리가 항상 서로에게 얘기하는 게 삐지지 말자는 얘기를 해요.

일을 하는 데 있어서 각자 자유롭게 일 얘기를 하는 건 이 프로그램을 잘 만들기 위해서 하는 거잖아요. 그러니까 어떤 의견을 내더라도, 내 아이디어가 안 되더라도 우리가 삐지면 안 된다, 프로그램을 위해서 올바른 방향으로 가는 거에만 집중하자는 얘기를 하는데, 그런 얘기를 하면서 본인이 실천하지 않는 모습이 나오면 '저 말은 좋은 얘기인데 자기가 직접 그러진 않네'라는 얘기가 나오는데 직접 그런 행동을 보여주니까 인정하게 되는 거죠.

또 배려심이 많아요. 동엽이 형이랑 회식을 많이 하는데 어느 순간부터 고깃집 같은 데를 안 가는 거예요. 항상 보면 순댓국집이라든지 족발집 이런 데 가는 경우가 많아서 한번은 왜 고깃집 안 가고 맨날 이런 데 오는지 궁금해서 알아보니까 이유가 있었던 거예요. 회식은 동엽 형이 주최해서 가는 경우가 많은데 알고 보니까, 고깃집 같은 데 가면 누군가는 고생하는 사람이 있다는 거죠. 삼겹살을 먹더라도 막내라든지 다른 사람들은 고기를 구워야 하니까 그런 데를 안 간다는 걸 듣고 그런 것까지도 생각을 하는구나 하는 생각이 들었어요. 그건 굉장히 디테일 한 거 잖아요. 그걸 생각 안 한다고 해서 나쁜 사람도 아니고 그렇잖아요.

또 하나는 성실! 저희 회의가 8시에 시작인데 사실 메인 MC는 그 시간에 안 와도 되고 준비가 다 되면 2차 회의할 때만 나타나면 되는데, 아침에 시간 맞춰서 나와서 참석을 하거든요. 그 성실함이 존경스럽기까지 해요. 얼마 전에 동엽 형이 청룡 어워즈에서 인터뷰한 내용 중에 'SNL'은 나의 '아이덴티티'라는 얘기를 했었는데 이 프로그램에 대한 애정이 많은 것 같고 아침 8시부터 12시간 넘게 에너지 있게 하는데 더 놀라운 건 전날 유튜브 '짠한형' 녹화라 술을 엄청나게 먹고 오거든요. 그러고 나서 그 다음날 오전 8시 회의에 참석한다는 게 굉장히 프로페셔널 한 거죠.

그리고 또 와 닿았던 게 저도 아들이 있다 보니까 동엽이 형이랑 술 먹으면서 얘기를 할 때가 있는데, 우리 아들을 데리고 왔을 때 형이 이뻐해 줬어요. 아들은 걱정 안 해도 되겠다 칭찬해 주면서 그런 얘기를 했던 게 기억나요. 동엽 형이 "나는 항상 고민이 있다" 그래요. 우리 자식들에게 어떻게 결핍을 줄지에 대한 고민을 좀 한다는 거예요. 그게 무슨 말이냐 했더니, 어떻게 보면 신동엽의 자식이기 때문에 처음부터 여러 가지가 갖춰진 환경에서 자라는데 그게 또 불행할 수도 있다는 거죠. 아버지가 옛날에 교장 선생님이셨는데 보증을 잘못 서서 경제적인 힘듦도 많이 겪어봤고, 한 달에 한 번 아버지 월급날만 제육볶음을 먹을 수 있으니까 제육볶음 먹는 날이 너무 행복했대요. 친구네 집에서도 밥을 많이 얻어먹고 그랬는데 눈칫밥을 먹다 보니까 초등학교 저학년 때 어떻게 하면 좀 기분 좋게 얻어먹을까를 많이 고민했대요. 그러다 찾은 방법이 친구를 칭찬하기 시작하니까 부모님들이 너무 좋아한다는 거죠. 엄마 아빠가 알 수 없는 학교 생활 얘기, 이런 얘기를 하다 보니까 너무 기분 좋게 밥을 얻어 먹고 이런 것들을 많이 깨달았대요.

그런 결핍이 인간이 성장하는 데 중요한 에너지원이나 장작이 될 수 있는 것들인데 그래서 우리 자식들에게도 어떤 식으로든 결핍을 줄 수 있을까를 많이 고민한다고 얘기했었거든요. 그리고 누구랑도 잘 어울리는 것 같아요. 예를 들면 형들한테는 예쁨받는 동생이고 동생들에게는 신뢰받는 형이고 친구들한테는 의리 있는 친구고. 어떻게 보면 이 세 가지 중에서 하나만 잘하기도 쉽지 않은데, 형은 어떻게 이 세 가지를 균형 있게 잘하면서 살 수 있을까 신비로운 느낌이 들었어요.

주변에서 연예인들과 같이 일을 하다 보면 흔히 연예인 병 걸렸다는 얘기들이나 그런 것들을 많이 보게 되잖아요. 사진 요청을 하면 대부분 안 하는 경우가 많은데, 동엽 형은 그랬을 때마다 귀찮을 법도 한데 항상 다 해주고 그래서 한 번 물어본 적이 있어요. 그때 동엽 형이 "이건 팬 서비스다. 우리를 이렇게 사랑해 주고 우리가 돈을 벌고 그게 다 이분들이 사랑해 주기 때문이다. 그러니까 서비스 차원에서 해야 한다"라는 얘기를 했어요. 직접 그런 행동들을 하면서 보여주니까 주변에서 존경하는 것 같아요.

씬 스틸러 (Scene Stealer)

　정말 연기를 잘하는 사람들만 다 모여 있다고 생각하거든요. 대부분 크루들은 오디션을 보는데 신입 크루들을 받을 때는 공개 오디션이 아니에요. 'SNL 크루 하실 분들 지원하세요'가 아니라 주변에 추천을 받거든요. 이 친구가 잘해 이러면 그 친구 오디션을 보는 거죠. 동엽 형을 포함해서 김민교, 정이랑, 그리고 정상훈, 어떻게 보면 이 형들이나 친구들이 중심을 잘 잡아주거든요. 이 선배급들이 중심을 잘 잡아주고 지금 합류한 크루가 윤가이도 있었고 김아영, 지예은, 이수지도 있죠.
　김아영은 '짧은 대본'이라는 유튜브 채널인데 말 그대로 웹드라마처럼 연기를 하는 콘텐츠예요. 어떤 스케치를 올린 걸 보고 '이 친구 연기를 잘하는구나' 해서 픽업한 거예요.
　김원훈도 '쇼박스' 보면서 너무 잘해서 픽업했고요. 'SNL'은 진짜 모두가 씬 스틸러인데 각자 장점들이 많은 것 같아요, 정성호 형은 천혜의 얼굴, 성대모사를 잘하는 개그맨들은 몇 몇 있지만, 표정 모사를 그렇게 잘하는 사람은 없거든요. 형이 김상중을 흉내 내든 장기화를 흉내 내든 누구를 흉내 내든 얼굴이 똑같아지는 효과가 있어요. 그걸 하기 위해서 이 형만의 어떤 노하우가 있더라고요. 휴지 입안에 넣어서 연습한다든지 하는 형만의 방법이 있더라고요. 얼굴 모사, 표정 모사를 하는 건 독보적이죠.

김민교 형은 연극을 오래 하고 연출도 하면서 코너나 이런 것들에 전체적인 눈을 연출가로서 보는 능력이 뛰어나요. 표정 연기도 잘하지만 코너들에 안정감을 주는 그런 역할을 김민교 형이랑 또 정이랑이 그런 연기를 잘해주고, 정상훈 형도 워낙 가진 끼도 많고 이러다 보니까 중국어 연기든 로봇 연기든 이런 연기를 정상훈화 시켜서 연기를 잘하는 것 같고요. 다 개그맨인 줄 아는데 정상훈 형도 배우고 그러니까 이 형도 받쳐주는 역할과 공격수의 역할을 다 넘나들 수 있는 'SNL' 크루들은 다 그런 것 같아요.

개그맨들로 따지면 받쳐주는 연기를 잘하는 사람이 따로 있고 공격수, 웃기는 연기를 잘하는 사람이 나뉘어 있잖아요. 그런데 'SNL' 크루들을 보면 그게 종합으로 다 돼요. 어떤 때는 이 친구를 돋보여주기 위해서 내가 거름이 돼주고 때로는 내가 돋보이기 위해서 다른 친구가 거름이 돼주고 이런 것들을 하다 보니 빛이 나는 거고, 그다음에 김원훈이나 김아영 이런 친구들은 요즘 MZ세대 친구들의 정서 같은 것들을 많이 알다 보니까 그런 친구들의 공감대 가는 연기나 이런 포인트들을 잘 녹여주는 것 같고, 이수지도 그렇고요. 아까도 얘기했지만 정희랑, 김민교, 정상훈은 중심을 좀 잡아주고 김아영, 지예은, 김원훈, 이수지, 이런 친구들은 요즘 젊은 세대의 정서들을 잘 녹여주죠. 그리고 권혁수도 있고요.

코미디언 출신들이 그렇게 많지 않고 배우들이 많아요. 오버 연기를 잘하는 배우들보다 대본 그대로를 진지하게 잘 소화하는, 정극 연기를 잘하는 배우들을 기본적으로 찾고 있어요. 그게 'SNL' 결에 맞고요.

19금의 선

아무래도 tvN 시절에는 그런 부분이 있었는데 OTT로 넘어가서는 심의가 명확하지 않은 걸로 알고 있어요. OTT는 어쨌든 선택해서 보는 거고 아직 심의에 대한 게 완전히 정립되지 않은 것 같아요. 수위 조절은 나름대로 하고 있죠. 거기까지만 하자라든지 그렇게 자체 심의를 해요. 시대에 따라서 좀 바뀌는 것 같아요. 코미디나 이런 것들도 10년 전에는 그게 정답이었는데, 10년 후에는 시대의 정서나 여러 가지가 달라지면서 오답이 되는 경우가 많아서 그런 걸 잘 찾아내고 그걸 잘 알고 있어야 하는 게 'SNL' 작가로서 제일 필요한 요건 중의 하나인 것 같아요.

시대 정서에 관심을 두고 어떤지에 대한 것들을 알아야 하는 것 같은데 요즘은 많이 달라졌잖아요. 불편함을 느끼는 사람들도 많이 있고 동엽이 형이 그 '선'을 정말 잘 타는 것 같아요. 이게 한 발짝 더 가면 아웃인 거고 덜 가면 좀 아쉬운 거고 딱 그 아슬아슬한 선을 잘 타서 19금이나 정치 풍자도 하는 건데 이 아슬아슬한 선을 잘 타는 묘미가 있어요. 그래서 아직 방통위나 심의 이런 제재를 받은 적은 없었어요.

코미디의 법칙

요즘 1인 가구들이 많으니까 1인 가구에 관련된 코미디를 할 때 그냥 1인 가구의 생활을 해요. 주인공이 있어, 1인 가구 혼자 사는 너의 생활을 해봐, 그러면 그런 상황만 있고 코미디 연기를 하면 결국 냉장고 문을 열 때 오게 된다든지, 뭐 과일을 썰어 내온다든지 뭔가 상황이 약하니까 뭐가 없잖아요. 그런데 만약에 1인 가구로 사는데 여기에 코미디가 입혀지는 건 1인 가구 혼자 사는데 1인 가구 전용 알바가 있다, 1인 가구를 위한 서비스가 있다고 생각하면, 누가 왔는데 "야, 너 뭐 했어, 라면 먹어? 라면 먹자" 이렇게 했는데 알고 보니 알바였던 거죠. 혼자 사는 사람, 외로움을 달래주는 알바여서 라면 먹는 거까지 하고 "이제 끝났습니다, 라면 하나 더 먹으면 2천 원입니다" "연장해 주시면 안 될까요?" "죄송합니다. 여기까지" 이렇게 가면 코미디가 되는 거 같아요.

일상생활만 얘기하고 코미디가 없거나 오버를 하게 되는

건데, 어떤 설정으로 1인 가구를 위한 '알바'라는 걸 씌워놓으면 결국 거기에서 꺾여지는 반전의 포인트가 코미디 포인트가 될 수 있는 거고, 거기에 요즘 정서라든지 풍자도 담을 수 있는 거고요. 그래서 제가 생각하는 좋은 코미디는 결국 풍자가 있어야 한다고 생각해요.

웃길 방법은 많고 오버해서 연기를 잘하는 사람도 있고 개인기가 좋은 사람도 많지만, 제가 생각하는 좋은 코미디는 거기에 뭔가가 있어야 해요. 이게 풍자일 수도 있고, 어떤 사회 현상일 수도 있고, 어떤 부분들에 대해서 의도하고 전달하고자 하는 메시지가 있어야지 좋은 코미디가 아닌가 하는 생각이 듭니다.

아이디어

잘 못하는 친구들은 비슷해요. 막 쥐어 짜내요. 그렇게 쥐어짜면 좋은 아이디어가 안 나오는 것 같아요. 그래서 저는 아이디어를 할 때 오히려 코미디를 잘 안 봐요. 다큐멘터리 많이 보고 뉴스를 많이 봐요. 풍자나 어떤 사회적인 메시지가 있어야 좋은 부분이라고 생각을 하기 때문에 사회 현상에 관심이 많고 결국 뉴스 안에 대중들이 공감할 만한 요소들이 있다고 생각하는 거죠.

예를 들면 실업률이 높다, 그런 문제를 보면 요즘 저런 거에서 저런 분노를 느끼고 있고 안타까움이 있구나, 거기서부터 생각하는 게 좋은 코미디의 소재라고 생각하는 거죠. 그래서 뉴스나 시사 프로그램 같은 걸 자주 봐요. 요즘 세상 돌아가는 거나 물가가 이렇구나, 실업률이 이렇구나, 그런 뉴스들을 보면서 어떤 식으로 비틀까 생각하거든요. 은퇴한 분들이 이렇게 많은데 이분들이 살날이 많고 이분들만을 위한 신입

사원 제도가 생길 수도 있는 거고요.

　　노인 인구가 많아지면서 누군가가 군대에 노인병을 모집한다고 말했었어요. 나이 들면 밤잠도 없으니까 야간 근무에 투입하면 된다는 발상이 재밌잖아요. 사회 문제로 접근을 한 건데 코미디로는 신선하죠. 누가 '노인병'을 생각했겠어요. 발상의 전환이죠. '노인병'도 말이 되잖아요. 군대에 대한 지겨움이 지날 나이, 조금 향수가 있을 나이야, 그리고 돈이 필요해, 복지 문제 차원에서도 노인을 다 군대에 보내면 내무반 생활을 하니까 외롭지 않아, 여러 가지가 해결되더라고요. 이게 실현돼서 만약 공지가 나오면 신청하는 사람 많이 있겠다 싶어요. (웃음)

애드리브와 원고

계속해서 대본을 수정하면서 하니까 다 약속된 플레이예요. 기본적으로 합의된 대본을 하는 게 원칙이고 거의 95%가 그렇게 가요. 애드리브는 살을 붙이는 어떤 포인트들, 느낌이 오는 것들을 연기자들이 어떤 포인트에서 해보는 거죠. 그런데 그게 상대를 당황하게 하거나 협의 안 된 것들을 하면 안 되는 거고 좀 이따 안경을 벗기로 했는데 벗는 것까지는 허용이 되는 거니까 그 안에서 벗는 방식 같은 건 열려 있어요. 원고 안에서의 애드리브, 허용된 애드리브만 가능해요.

코미디의 미래

요즘엔 취향대로 선택해서 보게 되잖아요. 텔레비전 한 대로 보던 시절에는 거실에 다 모여서 텔레비전을 보기 때문에 코미디를 만드는 사람들이나 연기하는 사람들도 평균점을 맞춰야 했어요. 그러니까 우리가 하는 연기를 보고 꼬마도 재미있어 하고 할아버지도 재미있어야 코미디가 되는 거죠. 텔레비전이 한 대였을 시절에서 이제 각 방으로 텔레비전이 나가기 시작했고 그러면서 장르가 쪼개진 거죠. '나는 19금이 좋아' 그럼 그거 보고, 그래서 다 같이 보는 문화가 없어졌기 때문에 지상파 코미디가 더 위험하지 않겠느냐는 생각도 들어요. 내가 보고 싶은 걸 보다 보니까요.

코미디도 공개 코미디가 처음에 방송 3사에서 다 없어졌을 때는 코미디언들이 위기다 그랬는데, 결국 유튜브에서 자기 채널을 하고 자기가 하고 싶은 코너를 검열받지 않고 개성 있게 하다 보니까 팬덤이 생기고 시장이 생겼잖아요. 옥동자가 하는 유튜브 채널에 '옥 주부'가 굉장히 잘 돼서 코미디는 안 해도 될 것 같았는데 '개그콘서트'에서 자기를 안 불러줘서 속상했다는 거예요. 자기는 지금도 그들을 기다리고 있대요. 공개 코미디를 굉장히 그리워하는 거죠. 객석을 그리워하는 거예요.

사실은 카메라 앞에서 혼자 떠들어봐야 이게 만족이 안 돼요. 일단 어떻게 편집이 나오든 계속해서 빵빵 터져줘야 내가 웃기고 있구나! 이런 에너지가 생기잖아요. 그런 것처럼 개그맨들의 피는, 시장은, 유튜브가 점령해도 어쨌든 간에 무대가 필요한 사람들이구나, 그러면 공개 코미디를 어디에선가 하겠구나, 그것이 꼭 지상파가 아니더라도 언젠가 OTT에서 하면 되잖아요.

지상파가 주는 어떤 규격화라는 게 있는데, 그렇기 때문에 이제 앞으로는 지상파 코미디는 어렵지 않을까 하는 생각도 들어요. 하지만 지상파에서 한다면 다른 형식이어야 될 것 같아요. '개그콘서트' 외에 다른 장르가 뭔가 좀 생겨야 해요. 타겟층에 맞는 걸 해야 할 것 같은데 지상파로 하려면 연령대가 계속 높아지고 있고 그분들한테 맞는 조합으로 하면 될 것 같아요.

#플랜 A, 플랜 B

'SNL'도 매년 시즌마다 하고 있고, 그러면서 새롭게 '쿠팡플레이'에서 런칭하는 프로그램도 열심히 준비하고 있고 시트콤도 하나 쓰고 있는 게 있어요. 제작사랑 얘기해서 편성 얘기를 논의 중인데 한 4부 정도까지 썼습니다. 'SNL' 같은 경우 호스트분들이 나왔을 때 야외 촬영도 해야 하고 2, 3일 정도 스케줄을 빼야 해서 지금 준비하는 것들은 조금 자유로운 시트콤이에요. 초대 손님을 모셔놓고 토크와 상황극들이 좀 섞여 있는 그런 장르, 하이브리드 같은 거죠. 대본도 있지만 자유롭게 애드리브도 많이 허용하고 그런 형식의 프로그램을 준비하고 있습니다.

제가 작가로도 활동을 하고 있지만 2년 전에 회사를 런칭한 게 있어요. 작가 생활을 하다 보니까 오롯이 내가 전체적으로 해보고 싶은 걸 해보고 싶다는 생각도 들더라고요. 어떤 건 되게 느낌 오는 걸 한번 해보고 싶은데, 여러 사람들의 의견이 모이고 상황이 있다 보니까 그게 안 되는 경우도 많이 있잖아요. 그래서 유튜브나 이런 걸 통해서 한번 느낌 오는 것들을 만들어 보고 싶어죠. 혼자 기획해서 출연자를 섭외하고 제작해서 오롯이 내가 느낌 오는 대로 한번 만들어 보고 싶어서 회사를 시작 했어요.

수익 구조는 저희는 브랜디드 콘텐츠도 만들고 있고 대기업에서 오더를 받아서 하는 거죠. PPL처럼 원하는 걸 받아서 거기에 기획을 맞춰서 납품하는 것들도 하고 있고, 요즘은 숏 드라마라는 뉴미디어가 있어서 숏 드라마 제작도 하고 있어요. 그건 수익 구조가 조금 달라요. 예를 들면 우리가 제작비를 많이 내고 많이 받는 수익 구조를 가질 수도 있고 어떤 경우는 제작비 플랫폼에서 제작비를 다 받고 하는 경우도 있어요. 이력들이 있으니까 저한테 제안들이 오는 거죠. 사실 드라마를 하거나 예능을 하거나 뭘 하더라도 항상 코미디가 있는 걸 하고 싶거든요. 코미디 요소가 있는 거요. 그냥 제가 제일 사랑하는, 어쨌든 제일 잘하는 장르인 것 같아요.

코미디 작가

    코미디를 좋아하고 코미디 작가로서의 꿈이 있다면 요즘 나오는 'SNL'도 그렇고 여러 가지 잘 된 코미디들을 보면서 나라면 어떻게 했을까를 계속 생각해야 한다고 생각해요. 그러니까 나만의 방법으로 재배치를 해보는 훈련을 많이 해야 한다고 생각하거든요. 자기만의 코미디가 있어야 결국은 되는 거죠. 어떤 코미디 영화를 봤어, 'SNL'에 어떤 코너를 봤어, 저런 점은 좋았는데 그게 너무 좋다, 나도 저렇게 해야지가 아니라 나라면 저 소재를 가지고 어떻게 풀어 봐야 할까? 재배치를 해봐야 하는 것 같아요. 이 코미디, 이 영화의 결말은 이렇게 됐네, 나는 이렇게 하면 더 재미있을 것 같은데, 내가 쓴 것과 이걸 비교해 본다든지 여기서 이 구성을 이렇게 했는데 나라면 어떻게 할까?, 제가 생각하기에 결국에는 자기만의 방식, 자기만의 색깔이 있어야 하는 것 같아요.

SNL 코리아 쿠팡플레이 | 안용진 작가

흑백요리사
모은솥

흑백요리사 넷플릭스
모은설 작가

프로그램

KBS	TV는 사랑을 싣고
KBS	미녀들의 수다
KBS	우리 동네 예체능
KBS	김승우의 승승장구
KBS	옥탑방의 문제아들
KBS	유희열의 스케치북
MBC every1	주간 아이돌
SBS	판타스틱 듀오
JTBC	뭉쳐야 뜬다. 시즌 1, 2
JTBC	뭉쳐야 찬다. 시즌 1, 2, 3, 4
넷플릭스	흑백요리사 : 요리 계급전쟁

수상 내역

2007년 - 백상예술대상 (KBS 미녀들의 수다)
2011년 - KBS 방송 작가상 (김승우의 승승장구)
2016년 - SBS PD 협회상 (판타스틱 듀오)
2024년 - 한국방송 작가협회 예능 부문 작가상
  (흑백요리사 : 요리 계급전쟁)

#작가 모은설

 작년에 3주 연속 글로벌 1위를 기록하며 대박을 터뜨렸던 넷플릭스 '흑백요리사 요리 계급 전쟁'의 기획과 구성을 맡은 메인 작가, 올해로 29년 차인 모은설 작가입니다. '자유선언 오늘은 토요일' '미녀들의 수다' '상상 플러스' '승승장구' '유희열의 스케치북' '판타스틱 듀오' '뜨거운 싱어즈' 그리고 '남자의 자격' '우리 동네 예체능' '뭉쳐야 뜬다' '뭉쳐야 찬다' 같은 리얼리티 시리즈까지 다양한 장르를 넘나들면서 프로그램을 해왔어요.

 29년간 단 한 번도 쉬지 않고 프로그램을 해 왔는데, 어쩌다 보니 제가 하던 시절이 예능의 '호' 시절이기도 해서 1997년부터 KBS에서 시작해서 지금까지 계속하고 있어요. '뮤직 플러스'라는 프로그램을 2001년도에 할 때부터 프로그램을 두 개 이상씩을 하다 보니까 그게 맞물려서 쉴 수 있는 타이밍이 없어서 쉬지 않고 일을 했어요.

#전공

'한강' 작가하고 같은 국문과인데 저의 과에서 언론사 간 분들도 많고, 광고 회사로 간 분들도 많아요. 상징적으로 대표되는 게 순수 문학에 치중되어 있어서 그렇지 사실 다른 장르로도 많이 갔어요. 저는 예능 작가가 되려고 한 게 아니라 기자 시험을 준비하고 있었거든요. 초등학교 때 '소년한국일보'라고 어린이 신문이 있었는데 그 소년한국일보 기자를 했어요. 어릴 때라 기자 타이틀을 달고 신문에 기사 나오는 게 재미있어서 시작했는데 그때는 이메일도 없고 우편으로 보낼 수도 없어서 매주 한 주에 하나씩 기사를 써서 안국동 한국일보에 가서 기사를 제출하고 그 주에 신문이 나오면 보고 좋아하고 이렇게 지냈어요. 어렸을 때부터 글짓기 대회 상도 받고 어린이 신문 기자 생활을 하다 보니까 자연스럽게 기자를 하고 싶었죠. 국문과를 가고 기자 시험을 준비하고 있었는데, 대학교 4학년 여름방학 때 PD 선배가 KBS에서 방학 동안에 일

할 '인턴 작가'를 구한다는 거예요. 방송국이 어떻게 돌아가는지 궁금해서 갔는데 제가 간 팀이 개그맨 김준현의 아버지이신 김상근 국장님이 있던 방이었어요.

예능국도 아니고 TV 1국, TV 2국 시절이었는데 제가 TV 2국 방으로 가서 자료 찾고 사연 들어오는 거 정리하고 이런 걸 했어요. 그때 'TV는 사랑을 신고' 프로그램이었는데 리포터가 사연 주인공을 찾아가는 추적 대본이랑 사연 재연 대본이랑 스튜디오 대본 이렇게 한 주에 2개의 꼭지가 나가요. 4명의 작가가 격주로 진행하고 있었죠. 그 4명 중의 한 명의 작가가 갑자기 빠지게 되면서 저를 불렀던 PD 선배가 저보고 재연 대본이랑 추적 대본을 한번 써보라고 한 거예요.

멋 모르기도 하지만 어찌 됐든 잘하고 싶어서 선배들이 그동안 썼던 추적 대본이랑 재연 대본 이런 걸 보고 대본을 써서 갔거든요. PD가 그걸 보더니 촬영하겠다고 하더라고요. 그래서 제가 갑자기 대본을 쓰는 작가가 돼버렸는데 제가 쓴 대본이 영상화돼서 방송으로 나오고 스튜디오에서 방청객들이 보고 감동을 받는 게 재미있게 잘 나오니까 그 순간이 경험하지 못했던 경험이라서 그걸 계기로 멈추지 않고 꼭 기자만이 아니라 작가로도 의미 있겠다 해서 작가로 시작하게 된 거죠.

#흑백요리사

　제안받았을 때는 윤현준 PD가 넷플릭스랑 얘기를 해서 '백종원 선생님과 요리사 100명을 데리고 서바이벌한다' 이거였거든요. 그걸 가지고 제안을 한 건데 그전에 '피지컬 100'의 성공 사례가 있으니까 요리사 100명이 모이는 여태까지 보지 못한 규모로 할 거라는 얘기를 했어요.

　저희가 회의하면서 세트도 구성하고 포맷도 짜고 하다가 첫 촬영장에서 우선 잘될 거라는 생각이 들었어요. 넷플릭스라는 OTT가 국내 제작사, 방송사에서는 할 수 없는 제작비를 대서 보지 못한 세트나 규모감이나 비주얼 쇼크 같은 게 있었고, 요리 서바이벌이 그동안 많았지만 흑과 백, 흑수저 백수저로 나눠서 계급 구도가 있는 건 처음이었고요. 현장에서 보니까 요리를 보는 시각적인 즐거움과 이분들의 진심이 섞이더라고요. 다양한 사람이 모여 있다 보니까 비주얼이 장관이었어요. 압도되는 힘이 있었거든요.

파주에 새로 생긴 스튜디오를 거의 반년간 빌렸는데 수도 공사랑 가스 공사를 다했어요. 그러니까 기존의 요리 서바이벌, 예를 들면 '마스터 셰프 코리아'나 한국에서 진행됐던 요리 프로그램은 키친 조리대를 만들고 그 밑에 LPG 가스, 이런 걸로 세팅해서 프로그램을 진행하는데 저희는 미팅을 하다 보니까 출연자들이 화력 이런 걸 너무 중요하게 생각하더라고요. 그거에 따라서 요리의 품질이랑 맛이 달라진다고요. 또 중식 셰프님들도 얘기를 여러 번 하셔서 스튜디오 대관을 해서 가스랑 수도공사를 석 달 가까이 진행을 했어요.

셰프님들이 세트 보고 너무 놀라면서 자기네 주방보다 더 좋다고 하시더라고요. 요리 실력을 제대로 보여줘야 하는 거니까 실력이 베스트로 나올 수 있는 환경을 만들려고 노력했죠. 첫 촬영 때 뭔가 보지 못한 비주얼과 규모감과 이들의 100명이 뿜어내는 아우라 때문에 잘될 거로 생각하긴 했지만, 글로벌로 잘될 거라고 생각은 못 했어요. 국내에서 기본은 하겠다는 생각이 있긴 있었죠.

요리 프로그램이 '마스터 셰프 코리아'나 '냉장고를 부탁해'가 끊긴 것도 7, 8년인데 프로그램이 관심에서 멀어진 데는 이유가 있는 거거든요. 사람들이 요리보다는 먹방에 관심이 많고 요리사들도 새 인물이 없이 그 사람들에 머물러 있었기 때문에 요리 프로그램을 다시 했을 때 잘 된다는 확신이 없었어요.

시즌 1은 글로벌은 신경도 쓰지 말고 국내에서만 우선 성공을 하자, 국내에서 성과가 좋으면 시즌 2에서 글로벌 형으로 조금 더 확장해 보자, 이렇게 생각하고 준비를 했는데 다행히 글로벌 아시아권에서, 특히 홍콩 싱가포르 이런 데서 반응이 좋아서 예상보다 너무 잘 된 것 같아요. 이게 197개국에 나가는데 글로벌 3주 연속 하루도 안 빠지고 1위를 했거든요. 이 프로그램이 호화롭게 큰돈을 썼을 거로 생각하시는데 구성과 세트와 필요에 의한 만큼 타이트하게 제작비를 써서 했어요.

#스타트!!

넷플릭스에 있는 유기환 디렉터와 KBS에 있다가 지금은 '스튜디오 슬램' 대표인 윤현준 PD가 요즘 무슨 프로그램을 하면 좋을까 고민이 돼서 얘기하다가 '요리 프로그램이 예전엔 잘 됐는데 왜 요즘 없을까? '피지컬 100'도 잘 됐으니까, 그러면 요리사들 모아서 서바이벌해 보면 어떨까?'로 시작이 된 거예요. 넷플릭스에서 100명을 데리고 계급장 다 떼고 요리 서바이벌을 한다는 세 장짜리 기획안이 있었던 거죠. 이 기획안을 들고 프로그램 제작이 확정되고 나서 이걸 연출할 PD와 작가진을 꾸린 거예요.

이 프로그램을 연출할 김학민 PD랑 제가 그전에 유재석 씨와 함께 JTBC 프로그램 기획을 하고 있었는데 계속 타이밍이 안 맞고 이러면서 어그러지고 있었어요. 그래서 우리가 뭘 할지 생각하고 있는데 윤현준 PD가 김학민 PD랑 저한테 이 기획안을 주면서 '요리 프로그램을 넷플릭스에서 제작할 건데 해보지 않겠냐?'라고 한 거죠. 사실은 김학민 PD가 기획안을 들고 와서 백종원도 섭외가 되어 있고 100명이 나오고 그랜드로 할 거고 너무 좋지 않냐고 신이 나서 이걸 제안했어요 저는 사실은 기쁘지 않았었거든요. 왜냐하면 제가 요리 프로그램이나 먹방 관련된 프로그램은 28년 동안 한 번도 안 해봤고, 백종원이라는 사람이 섭외돼 있다는 게 오히려 핸디캡 같더라고요. 했다가 안 되면 그 독박을 다 작가와 PD가 쓸 것 같고, 사이즈가 크게 하는 것도 좋긴 한데 그만큼 리스크가 큰 거잖아요. '피지컬 100'처럼 잘 된 사례만 있는 게 아니라 망하면 결국은 그 책임을 온전히 PD와 작가인 제가 '백종원 데리고도 망했다'라는 게 있을 수 있죠. 이걸 감당하면서 굳이 해야 할 필요가 있을까, 그래서 고민을 해보겠다고 하고 PD한테 일주일 후에 연락을 준다고 했는데 진짜 매일매일 생각이 바뀌었어요. 그러니까 사실은 이게 잘 되면 다 그들의 것이고 안 되면 독박을 쓸 것 같은 이 불안감이 커서 할까 말까 고민을 많이 했어요.

어찌 됐든 연차가 오래됐는데 KBS에서만 20년 넘게 프로그램하다가 SBS를 한 번 했고 종편이 생기면서 종편으로 넘어와서 JTBC에서 프로그램했고 그것도 10년이 돼 가서 변화하는 계기가 필요했죠. 넷플릭스가 너무 잘 되고 메이저로 등장하던 시점이니까 넷플릭스 콘텐츠 프로그램을 무조건 더 늦기 전에 한번 해봐야겠다는 생각이 있었어요. 그래서 사실은 요리고 뭐고 다 차치하고 '넷플릭스의 그랜드 사이즈를 경험을 해봐야겠다' 그래서 결심하고 시작하게 된 거죠.

넷플릭스 안에서는 프로그램 기획을 하거나 얘기를 하면 제작 잘하는 제작사에 주거나 해요. '피지컬 100'도 그 제작사에서 그 PD가 MBC에 있을 때 기획안을 내서 채택됐고 그 PD한테 연출을 준 거죠. 지금 인하우스에 PD가 없어요. 나영석 PD네도 제작사, 김태호 PD네도 제작사, 윤현준 PD네도 제작사, 이렇게 다 제작사로 연출을 주거든요. 제작팀만 없다 뿐이지 거기서 프로그램을 하나 결정할 때 그 안에 프로페셔널한 사람들이 향후 플랜이나 이 기획안만 보고 선택하는 것도 아니고 크리에이티브 팀이 있어서 프로그램의 장단점, 리스크 그리고 이게 잘 됐을 때, 구현이 됐을 때 확장할 수 있는 부분 이런 걸 다 논의해서 꼼꼼히 결정하는 편이에요. 그러니까 넷플릭스 뚫기가 생각보다 쉽지 않아요.

섭외

시즌 1은 섭외가 제일 힘들었어요. 100명의 요리사를 모아야 하는데 팀을 꾸리고 회의를 시작하면서 요리사 리스트, 셰프 리스트 업을 다 했어요. 그런데 무명 요리사들만 모으자니 재미가 없을 것 같은 거예요. 너무 무명이잖아요. 시청자들이 아무도 모르는 무명 요리사들만 있는데 예를 들면 최현석, 여경래, 이연복, 정지선, 오세득 셰프님들처럼 우리가 방송에서 알고 있는 친숙한 셰프님들이 여러 분들 계시잖아요. 그분들이 계셔야만 이 프로그램이 힘을 받을 거 같은 거예요. '그분들을 모셔야겠다'라고 생각하고 회의를 하다 보니까 예를 들면 최현석, 여경래, 정지선, 오세득 이런 분들은 무명이라고 할 수가 있나? 무명이 아니잖아요. 이 사람들은 유명 요리사인데 섭외할 때 무명 요리사 100에 출연하라고 얘기할 수가 있나? 이런 지점에 충돌이 되기 시작한 거예요. 그런데 100명을 모았을 때는 한식, 중식, 양식 장르도 다 다르지만 각기 다른 네임 밸류가 다른 사람들이 모여서 계급장을 떼고 붙어야 이게 힘이 있을 것 같더라고요. 그러니까 이분들은 무조건 있어야 하니까 유명과 무명의 요리사가 나눠지게 된 거예요.

그래서 그때 이분들이 다 있어야 한다, 그러면 무명 요리사 100이라고 할 수 없고 유명 요리사와 무명 요리사 군단으로 그루핑을 해서 나누자, 이렇게 되면서 '유명' '무명'을 나누고 뭔가 이들을 아우르는 말을 '유명 요리사' '무명 요리사'라고 하는 것보다 '흑수저' '백수저'라는 네이밍을 붙이면서 이런 계급 구조로 발전하게 된 거거든요.

그래서 유명 요리사가 같이 섞여 있는 구조고, 사실은 무명 요리사분들은 섭외가 어렵진 않았어요. 그분들은 본인의 얼굴을 알리고 싶고 계기가 필요하니까 지원자도 많고 하고 싶어 하시는 분들이 많았죠. 이미 이름을 알린 셰프들은 여기 나와서 서바이벌할 이유가 전혀 없잖아요. '백수저' 섭외가 너무 힘들었어요. 거절하신 분도 너무 많았고요. 저희가 시즌 1 때는 계급이 나뉘어져 있다는 것도 녹화 당일에 오픈을 했기 때문에 백수저들은 백수저인지도 모르고 뭔지 모르기 때문에 더 거절을 많이 당했어요. 왜냐하면 이 프로그램이 기존 요리 서바이벌과 전혀 다른 지점, 엣지 포인트 라고 생각하는 게 계급을 나눠 놓은 거였어요. 이 계급이 사전에 발설이 되면 예를 들면 나는 흑수저여서 하기 싫다고 할 수도 있고, 왜 저 사람이 백수저라고 이의를 제기할 수도 있기 때문에 계급 전쟁이라는 건 촬영장에서 서프라이즈로 오픈을 했고, 방송을 통해 오픈됐어야 했거든요. 다 보안 각서를 쓰고 아무도 이걸 모르게 했기 때문에 백수저들은 100명 중의 한 명으로 나와서 싸운다고 생각하니까 더 섭외가 힘들었던 지점이 있죠.

진심을 다해 설득하는 것밖에 없었는데 300명 가까운 요리사분들을 만났어요. 요리사 단 한 명도 지금 이 요식 업계가 호황이라고 하는 사람이 없었고 다 힘들다, 미슐랭 스타 셰프도 레스토랑이 힘들다, 그리고 그냥 동네에 구석진 레스토랑을 운영하는 사람도 힘들다고 하는 거예요. '냉장고를 부탁해' 같은 요리 프로그램이 있을 때 '요리사' '셰프'라는 게 새 인물로 다시 떠오르고 그 업종이 한 번 붐을 일으켰던 것처럼 그 붐을 일으키는 데 힘을 보태겠다고 설득했죠. 이 프로그램이 197개국에 나가는데 대한민국에서 제일 요리 잘한다는 100명을 선발하는데 우리 제작진은 부끄러운 사람을 내놓고 싶지 않다, 네가 있어 줘야 이 쇼의 퀄리티가 유지된다, 이렇게 설득했죠.

백수저들은 맞춤형으로 다 설득을 했어요. 최현석 셰프님은 '냉장고를 부탁해'에서 '쇼 셰프'처럼 보여진 게 이미지 소비가 된 거 같아서 환멸을 느끼고 있더라고요. 만나서 절대 그렇게 소비하지 않을 거고 우리는 편집 장난도 안 할 거고, 요리의 진심이고, 새로운 요리, 도전적인 요리, 창의적인 요리를 하는 요리 철학을 잘 담아내 주겠다고 여러 번 설득해서 섭외했어요. 에드워드 리 셰프 같은 경우는 저희가 초반에 백종원 맞은편에 심사위원을 찾을 때 심사위원으로 컨택을 했어요. 미국에 계시니까 줌 미팅을 했는데 이분이 너무 좋으신 분이긴 한데 한국말을 유창하게 하시지 못하더라고요. 그런데 이 요리 서바이벌은 한국에서 방영이 될 거고 음악과 달리 맛이라는 건 시청자가 느낄 수 없으니, 심사위원이 이걸 잘 표현해 줘야 하는데 한국말을 잘 못하시니까 심사위원으로는 적합하지 않을 것 같더라고요. 아쉽지만 심사위원은 같이 못 하게 됐다고 하고 끝났었는데, 저희가 백수저 섭외가 너무 안 되다가 어느 날 갑자기 에드워드 리 셰프님이 떠오른 거예요. 그래서 막내 PD한테 미친 척하고 에드워드 리 셰프님한테 플레이어로 한번 참여해 주실 수 있는지 메일을 드려보자 했어요.

왜냐하면 이분이 인터뷰를 할 때도 한국 요리, 한국에 대한 그리움 내지는 뭔가 호기심이 있으시고 한국 셰프들에 대한 관심이 있으시더라고요. 그래서 '한국 셰프들과 같이 겨뤄보면 우리 쇼가 빛날 거고 꼭 참여해 줬으면 좋겠다'고 메일을 보냈는데 에드워드 리 셰프님이 몇 주간 고민하시다가 갑자기 플레이어로 참여 하시겠다고 해서 백수저 마지막 자리에 에드워드 리 셰프님이 섭외가 된 거고,

최강록 셰프는 '마스터 셰프 코리아'에서 우승하고 나서 그때 전문적으로 배운 사람이 아닌데 만화책 같은 걸로 배워서 우승한 거에 대해서 공격과 악플이 많았다고 하더라고요. 성격도 내향적이고 동굴에 숨어 있던 사람인데 팬덤이 많은 분이라서 서바이벌 제안을 1순위로 드렸거든요. 절대 안 한다고 바로 전화를 끊어버렸어요. 저희가 요리사들 인터뷰하면서 지원서를 작성하게 하고 면접을 보는데 그 지원서에 자신이 잘하는 요리나 이 쇼에 출연해서 보여주고 싶은 것 외에 좋아하는 요리사나 존경하는 롤 모델과 이유를 적는 게 있었는데, 거기에 많은 요리사 셰프가 '최강록' 이름을 적은 거예요. 존경하는 사람 내지는 이 사람 때문에 팬이 돼서 요리를 시작하게 됐고 그때부터 요리사를 꿈꾸게 됐다고 한 사람이 너무 많은 거였죠.

최강록 셰프가 꼭 필요했기 때문에 수많은 지원자의 지원서에 최강록의 이름과 이유가 있는 걸 사진을 찍어서 후배 작가를 시켜서 하루에 하나씩 최강록 셰프님한테 보내게 했어요. 아무 말 없이 '셰프님' 이러고 '또 이런 지원자가 나왔네요' 거의 한 달 시간을 두고 이걸 보내서 '이 많은 이들이 셰프님의 요리에 대한 진심을 보고 요리사가 된 사람들이 있는데 그들과 한번 같은 자리에서 요리 대결을 펼쳐줘라' 그랬더니 서서히 마음을 열어서 섭외됐거든요. 다 한 명씩 맞춤형으로 그들의 마음을 여는 작업을 했어요.

#동지애

회의하면서 유명 요리사, 무명 요리사 이들을 흑수저랑 백수저로 나눠놓고, 이들은 실력을 인정받은 사람이니까 1라운드에 프리패스를 주고 뭔가 그 출발선, 스타트 라인도 다르게 하는 구성을 짰는데, 회의할 때 의견들을 듣잖아요. 20대 갓 들어온 막내 PD들이 이런 계급을 나눠놓은 게 적폐 같다는 거예요. 그러니까 왜 백수저들한테 혜택을 주느냐는 거죠. 백수저들은 1라운드에 참여를 안 하고 1대 1 대결부터 참여를 하거든요. 흑수저 결정전이라고 해서 흑수저들 먼저 대결을 시키는 구조가 적폐로 느껴지고 공정하지 못하다고 느껴져서 그들이 반대를 많이 했어요. 설득하고 저희끼리 모두가 이걸 공통으로 이해하는 데까지 시간이 오래 걸렸죠.

현장에서 이걸 공개했을 때 분명히 흑수저 중에 반발하는 사람이 있고 백수저 중에도 이런 룰, 자기는 그냥 100명 중의 한 명의 플레이어로 나오는 줄 아는데 이걸 반발해서 분명히 뭔가 트러블이 있거나 문제를 제기할 사람이 있을 거로 생각했거든요.

저희가 현장에서 촬영 당일날 이 룰을 공개하고 '흑백요리사 이 룰이 마음에 들지 않는 요리사분들은 지금 이 자리를 떠나셔도 좋습니다'라는 멘트를 했어요. 그랬는데 한 분도 안 나가셨더라고요. 왜 그랬을까를 생각해 보니 요리 서바이벌이 결국은 1등, 한 명 뽑는 구조였잖아요. 너무 많이 봤던 그림이기도 하고 엣지가 없어서 저희가 회의하면서 흑수저 백수저를 나눈 건데, 사실은 이걸 나눈 이유가 조금 뾰족하게 갈등의 요소, 서바이벌이다 보니까 스토리나 서사가 있어야 하는데 그 갈등의 구조를 만들기 위해서 흑수저 백수저를 나눠 놓은 거였죠. 그래서 현장에서도 그 갈등이 도드라지고 집단 대 집단 간의 대결이 뾰족해질 거로 생각하고 오픈을 했는데 저희 예상과 전혀 다른 지점이 펼쳐졌어요.

백수저가 공개됐는데 이 흑수저들은 저 백수저 처럼 되고 싶어 하는 사람들인 거예요. 존경하는 선배들이자 존경하는 요리사들이고 뭔가 멘토 같은 사람들이 나오니까 흑수저들은 백수저들을 존경하는 눈빛을 보내고 그들의 권위를 인정하고, 백수저들은 흑수저들을 무시하거나 '이들과 내가 왜 싸워야 해?' 이럴 줄 알았는데 자기들이 그 흑수저를 거쳐서 이 자리에 오른 사람들인 거예요. 그러니까 백수저들은 흑수저들을 응원하면서 인정하고 그들의 요리를 유심히 지켜보는 거죠.

첫 라운드 때 생각지도 못한 갈등이 도드라질 줄 알았는데 뭔가 화합이라기보다 하여튼 서로를 응원하고 우리는 이 '요리사'라는 요리에 미친 사람들인데 다 같이 우리 모두 응원해, 하는 이런 분위기가 형성되면서 생각지 못한 지점으로 이 쇼가 흘러가게 된 부분이 있어요. 저희도 현장에서 감동 아닌 감동 이런 '동지'로서 그런 게 생기더라고요.

솔직히 지금 톱 가수가 갓 데뷔한 친구랑 노래로 대결하라고 하면 사실 '내가 저급이랑 싸울 게 안 된다' 뭐 이렇게 생각할 수 있잖아요. 그런데 그렇지 않더라고요.

리얼리티 대본

대본이 진행자들의 말이라든지 현장에서 벌어지는 상황 이런 게 아니라 이 세부 '룰'이 엄청 촘촘히 있었어요. MC가 없을 뿐이지, 예를 들면 라운드마다 라운드에 모든 미션에는 제작진의 의도가 숨어 있거든요. 아무 의미 없이 하는 미션이나 대결은 아무것도 없고 저희가 이 라운드에서는 셰프들의 어떤 능력치를 보겠다는 명확한 의도가 있어서 그 의도에 맞게 구성을 짜고 그걸 성우 멘트로 전달했어요. '이번 미션은 무슨 무슨 대결입니다. 어떻게 팀을 이루어주세요' 현장에서 성우가 다 전달했어요. 성우 전달 외에 제작진이 가지고 있는 히든 '룰'내지는 진행상의 '룰'을 제작진이 촘촘하게 짜서 현장에서 다 전달을 하고 사전 리허설도 했고요.

이게 사실 드라마 대본이나 예능 대본, 토크쇼처럼 진행 대본만 없을 뿐이지 제작진이 짜놓은 툴, 포맷, 그러니까 어느 상황에 이 요리사들을 떨어뜨려 놔야지만 이들의 이 능력치가 베스트로 선보일 거고, 그리고 여기서 서바이벌 경쟁을 해서 누가 떨어지고 생존하는지가 극적으로 보일까 이런 구성을 엄청 촘촘하게 다 짜 놓았어요. 그리고 요리가 식으면 맛이 달라진다고 해서 이 요리하는 시간조차도 5분, 10분 간격으로 타임 테이블을 다 짜서 다르게 진행을 했어요. 방송에는 다 같이 진행한 것처럼 나오지만 저희만의 '룰'과 진행 상황이 수십 또는 수백 가지가 있었죠.

어떤 컴플레인 내지는 공정성을 해친다는 말이 나올까 봐 예상되는 질문지와 그 상황을 다 시뮬레이션을 하고 그거에 맞는 대응법과 대답과 상황을 다 정리해 놨고요. 사실은 요리 프로그램을 처음 해봤고 제작진, 연출진도 요리 프로그램을 처음 해본 건데 저희가 이 백종원이라는 '꾼'과 '100명의 요리사'들을 모아서 하는 서바이벌에서 허수가 있거나 빈틈을 보이면 안 된다고 생각했어요. 진짜 2배, 3배 다 디테일하게 짜서 회의하고 대비를 했죠. 리얼리티 프로그램은 대본보다 대비가 더 중요해요.

작가의 눈

우승하겠다는 후보자들이 대충 보이긴 하죠. 그러니까 심사위원의 리액션을 통해서도 보이고요. 이런 서바이벌을 하다 보면 실력은 초반에는 모르겠지만 어느 라운드 이상을 지나가면 소수의 인원만 생존해 있잖아요. 그러면 실력은 검증된 사람들이고 서바이벌이라는 건 기세거든요. 이 기세가 무섭게 눈에 띄게 보이는 사람이 있고 스태프들이 눈길이 가거나 응원하게 되는 사람이 당연히 생기고 보이게 돼 있어요.

뭐 몇백 개의 모니터가 실시간으로 다 카메라 컷을 보고, 저희는 제작진 자리에서 보고 있는데 눈길이 가게 되는 사람이 있긴 있어요. 요리 맛은 저희도 먹어보지 않아서 모르잖아요. 그런데 심사위원이 그 요리를 먹어보고 심사할 때 그 심사가 궁금하고 요리 비주얼도 다르고 그 사람이 뭔가 이 '쇼'이 '라운드'에 임하고 있는 자세나 태도나 이런 걸 보면 '우승자' 내지는 '저 사람들이 파이널까지 가겠다' 이런 느낌이 오기도 해요.

'트리플 스타'라는 친구가 있었는데 칼질하는 것만 봐도 백수저 셰프들도 '저놈 미친놈이다' '저놈 진짜 요리 잘한다' 그렇게 눈길이 가고, '에드워드 리' 셰프님 같은 경우는 요리도 요리인데 요리의 스토리를 입히는 걸 잘하세요. 그러니까 사람이 보이고 요리가 보이게끔 해서 눈길이 가고, 우승을 한 '나폴리 마피아'라는 친구는 거침이 없어요. 자기 요리에 대한 확신과 요즘 MZ 스타일이었고요. 흑수저들 네이밍은 시청자들한테 인지할 수 있게 특징을 잡아서 저희가 지었고요.

흑백요리사 하고 나서 기분이 좋았던 게 뭐냐 하면 보통 서바이벌 프로그램을 하면 승자 독식이거든요. 우승자만 기억하고 그한테 후광이 다 가는 거고 다른 사람들은 우승자 내지는 몇 명을 위한 다 조연들이에요. 그런데 저희는 촬영하고 편집해서 시사하다 보니까 회차별로 눈길이 가는 요리사들이 다 다른 거예요. 처음에는 '급식 대가' 어머님이 보였다가 그다음 회차에서는 '이모카세'도 보였다가 그다음에는 '트리플스타'도 보였다가… '요리하는 돌아이'도 보였다가 '최현석' 셰프도 보였다가 사람이 잘 보이더라고요. 그래서 프로그램 끝나고 우승자나 톱, 이렇게 올라가신 분들이 아니어도 1라운드에 떨어진 사람들도 그 레스토랑이나 식당 이런 데가 다 호황을 누리고 잘 됐어요. 뿌듯한 게 욕하는 사람이 없었어요.

예를 들면 '야키토리왕' 같은 경우는 그 분야에서 백수저라고 할 수도 있는 사람인데 흑수저로 출전하고 떨어져서 심사평을 듣고 기분 나빠서 제작진을 욕하거나 서로 빈정상해서 갈 수도 있어요. 탈락해도 그걸 수긍하고 남아 있는 사람들을 응원하면서 가고, 그리고 방송이 나갔을 때도 탈락자들의 요리사나 식당도 다 시청자들이 응원하고 거기 가서 맛집 도장 깨기를 하는 구조가 돼서 이게 이 프로그램의 미덕이자 가장 다른 지점이라고 생각하거든요.

요리 프로그램을 처음 해봤으니까, 기존의 요리 서바이벌이나 요리 프로그램을 후배들한테 자료 조사를 해달라고 했어요. 자료를 받고 보니까 한 400 페이지 가까운 요리 프로그램이 있더라고요. 그걸 꼼꼼히 보고 특히 해외 요리 프로그램을 우선 다 모니터해 봤는데 해외에도 '고든 램지의 쇼'도 그렇고 쇼 적으로도 화려하고 그런 요리 쇼들, 화려한 요리 프로그램이 많은데 프로그램을 다 보고 나서 기억에 남는 요리사나 요리가 없더라고요. 기존 요리 프로그램이 호흡도 너무 빠르고 사람이 보이지도 않고 쇼 업 된 요리 서바이벌이길래, 저는 이 프로그램을 할 때 가장 먼저 생각한 게 '무조건 요리사를 보이게 해야겠다' 였어요.

왜냐하면 제가 이들이 왜 요리를 시작하게 됐는지와 어떤 요리를 하고 싶은지 인터뷰하다 보니까 요리사 한 명 한 명 인생사와 요리에 얽힌 스토리가 재미있고 궁금하고 다 좋은 거예요. 그런데 토크쇼가 아니니까 다 담을 수가 없잖아요. 그래서 요리하는 과정에 이런 걸 보여주고 녹여야겠다, 요리사가 보여서 그 요리에 더 정감이 가고 응원을 입히게 하는 '룩' 이걸 해야겠다고 생각해서 그걸 중심으로 '한국형 서바이벌'로 가려고 노력했어요.

#원칙

제대로 작정한 서바이벌 프로그램은 처음 했거든요. 그런데 사람들을 인터뷰하고 판을 벌여놓고선 제일 처음 든 생각이 '큰일 났다'였어요. 뭐냐 하면 연출자는 모르겠지만 저는 제일 조심해야 할 게 출연자들은 이 쇼가 끝나고 자기 업장으로 돌아가는 사람들이고 그들의 생계잖아요. 절대 출연자에게 피해가 가거나 마이너스가 되게 하면 안 되겠다는 원칙이 있었어요.

예를 들면 요리를 못하는 사람으로 비쳐서 떨어지고 돌아갔을 때 그 업장이 타격을 받고 거기에 딸린 종업원들이랑 후배들이랑 요리사들이 몇십 명이 있는데, 피해가 가면 안 되겠다는 생각이 들었죠 잘하는데 누가 더 잘하냐, 그리고 맛의 기준은 주관적인 거기 때문에 우리 쇼에 맞는 주관적인 맛의 기준을 찾아서 1등을 뽑는 거지, 네가 못한 게 아니라는 기조로 현장에서 임했어요.

편집을 볼 때도 그렇게 했고 방송이 나가고 나서도요. 그래서 그 사람에 대한 존중이랑 출연자에 대한 보호가 저는 서바이벌에서 제일 중요한 것 같아요. 그리고 다른 음악 서바이벌 같은 경우도 그렇게 했겠지만 저는 이게 요리 서바이벌이라서 그 지점을 신중하게 했던 것 같아요.

에피소드(Episode)

 팀 전 같은 거 할 때 '재료의 방' 이런 걸 했는데, '생선의 방' '고기의 방' 이런 걸 나눠서 크게 그랜드 사이즈로 오픈하는 라운드가 있었거든요. 오픈을 했을 때 대형 수조를 옮겨 놓았는데 생선이 싱싱하게 살아 있어야 하는데 생선이 죽을까 봐 조연출들이 밤새 돌아가면서 수조 옆을 지키고 생선들이 활개를 칠 수 있게 했었어요. 그리고 심사위원 두 사람이 요리를 많이 먹어서 소화제를 먹어가면서 심사를 했죠. 백수저 흑수저 나눈 게 결과적으로는 좋았지만 그게 적폐처럼 보인다는 것 때문에 제작진이 백수저 흑수저를 나누느냐 마느냐를 두고 한 달 이상 싸웠다는 것도 제작진만 아는 에피소드고요.

 요즘 젊은 층들은 공정과 정의에 대해 민감해요. 그러니까 누구 하나 자기와 다른 출발선상 내지는 스타, 그런 거에 민감한 아이들이라 혜택을 입었다는 거, 서바이벌이라고 해서 같이 나왔는데 왜 계급을 나눠서 혜택이 있는 그룹과 혜택이 없는 그룹이 나누어지느냐 이런 게 말이 안 된다고 생각을 해요.

그래서 어떻게 설득했냐면, 계급이 나뉘지 않는 게 오히려 공정하지 않은 거다, 최현석, 여경래 이런 분들은 무명 요리사가 아닌데 무명 요리사라는 그 집단에 넣는 것이 오히려 차별이 생긴 그 사람들이랑 현실감에 맞지 않는 거다. 요리 실력을 인정받은 사람들을 그들과 다른 선상에 두는 게 그게 오히려 공정하고 그게 리얼리티를 오히려 살리는 지점이다. 이렇게 최종 설득을 하고 그걸 받아들이기까지 한 달 정도의 시간이 걸렸거든요. 서바이벌이고 한 번 스타트하면 돌이킬 수가 없는 지점이라 이 서바이벌에 투입되는 제작진이 어마어마하게 많잖아요. 그런데 그들이 모두 이 쇼가 어떻게 진행되고 제작진이 어떤 의도를 가지고 하는지를 명확히 이해해야지만 한 방향으로 달려갈 수 있고 제대로 된 결과물을 낼 수 있기 때문에 저희는 가급적 모두가 공유하고 모두가 이해할 때까지 기다려서 프로그램을 스타트했어요.

카메라 팀도 그렇고 세트 감독님도 그렇고 우리는 이런 의도로 이런 모습을 보여주고 싶으니, 그에 맞는 세트와 이동 동선, 카메라 워킹과 이런 모든 걸 400명이 넘는 스태프가 다 공유했었어요.

권태

28년 동안 권태가 없었던 것 같아요. 이게 매주 시청률이 나오고 매주 촬영하는, 프로그램은 같다 해도 매주 출연자가 달라지고 매주 찍는 내용이 달라지고 어쨌든 매번 새로운 얘기를 담아서 내야 되는 구조잖아요. 쫓기다 보니까 그랬다고 할까, 권태를 느낄 시간이 없이 흘러온 것 같은데 제가 프로그램 막내나 중간 연차 작가일 때는 진짜 권태를 느낄 새도 없이 쫓기면서 일을 하게 된 것 같아요. 그런데 어느 순간 메인 작가가 돼서 프로그램을 맡아서 할 때는 저는 원래 이기적이지는 못하지만, 개인주의적인 성향의 사람이었거든요. 다른 사람한테도 관심이 없고 내 할 일 잘하고 내가 우선인 사람이었는데, 방송 작가로 근 30년을 살면서 자기중심적인 것에서 벗어나서 책임감을 중시하는 사람이 됐어요.

새로운 프로그램을 제작하는데 처음 팀을 꾸리면 제가 믿을 만한 후배들한테 같이 일하자고 제안해서 그 후배들이 우리 팀에 오는 거고 출연자도 지금 그 프로그램 포맷에 맞는 출연자를 선정하긴 하지만 어찌 됐든 우리가 그 출연자랑 같이 하자고 MC든 연예인이든 부탁해서 그들도 함께하는 거고, PD들도 저와 이 팀들을 다 믿고 같이 프로그램하는 거잖아요. 프로그램 결과가 좋으면 모르는데 결과가 안 좋으면 기사가 날 때도 연예인들한테 '시청률 바닥'이든지 '폐지' 이런 거는 결국은 연예인들이 자기들한테 타격이 오는 거니까 그런 측면에 있어서 출연자에게도 같이 일하는 PD, 작가들, 스태프들한테도 피해가 가지 않아야겠다, 선방을 해야겠다, 프로그램이 잘 돼야 그다음에 기회가 또 있는 거잖아요.

요즘에 드는 생각이 작가인 저는 방송사를 넘나들면서 이 프로그램도 하고 저 프로그램도 하고 기회가 조금 여유로운 편인데 PD들은 요즘 몇 년에 한 번 프로그램 기회를 잡기가 어렵거든요. 왜냐하면 방송사에 고정된 프로그램이 있고 신규 제작이 많이 없어요. 한 시즌 해보고 결과가 좋으면 또 할 수 있는데 그러지 않으면 끝나는 경우가 더 많긴 하거든요. 그래서 저는 PD들이 프로그램하자고 할 때 저보다는 그들이 소중하게 얻은 연출의 기회이기 때문에 그들에게도 뭔가 이 기회를 잘 잡아서 성공으로 갈 수 있게 더 신경을 많이 쓰게 되는 것 같긴 해요. 그러다 보니까 제가 더 책임감을 느끼고 많이 생각하고 움직여야 하고 긴장을 늦출 수가 없는 그런 구조랄까, 요즘이 더 힘든 시절인 것 같아요. 한 번 성공해서 안정적인 팀이나 제작사 그런 데만 기회가 계속 돌아가지, 기회를 못 얻거나 이런 PD나 작가들이 훨씬 많을 거예요.

그리고 예능 작가만의 매력은 순발력인 거 같아요. 바로 결과치가 나온다는 거랑 드라마도 물론 그들이 가진 힘이 있겠지만 저는 더 쉽고 대중적인 힘이 있다고 할까요? 예능의 흥행으로 인해 더 퍼지는 트렌드나 현실적인 재미 같은 게 예능이 더 크다고 생각하긴 하거든요. 예를 들어서 이 요리사분들도 다큐나 뭐 이런 데서 팔로우로 그들의 요리 철학이나 인생을 다룰 수도 있었겠지만 이렇게 서바이벌이라는 형태로 그들의 '쇼'적인 걸 더 집약해서 포텐을 터뜨려서 이들이 전체적으로 더 힘을 갖게 하는 거죠. 그리고 예능에서 새롭게 발굴돼서 스타가 되는 경우들이 많이 있잖아요. 그래서 예능이 조금 더 접근성이 있고 현실성이 있고 살아 움직이는 '활어' 같은 재미 그런 측면이 있는 것 같아요. 권태는 아직도 모르고 지내요.

모은설 베스트 5

첫 번째는 '흑백요리사'인 것 같아요. 제가 안 해본 영역이다 보니 이걸 준비하면서 그동안 28년간 해왔던 각기 다른 장르의 모든 그때 쌓아온 노하우나 아이디어나 이런 걸 집약해서 해볼 수 있었어요. 사실은 세트도 제가 뮤직뱅크든 음악 프로를 했던 경험에 의해서 그때 했던 세트적인 아이디어라든지 이런 대결 룩이라든지 이런 게 제가 그동안 했던 것에 모든 걸 집약해서 아이디어를 내고 그게 구현이 됐어요. 어쨌든 글로벌로 인정을 받아서 제일 애정이 가는 첫 번째는 흑백요리사인 것 같고요.

그다음에 두 번째는 '뭉쳐야 찬다' 프로그램이에요. 뭉쳐야 찬다가 2019년부터 시작해서 시즌 4를 맞이하고 있거든요. 잘 모르실 수 있는데 그전에도 스포츠 예능 이런 게 있었는데 '뭉쳐야 찬다 시즌 1'은 진짜 무한도전급의 재미가 있었어요. 그때 전설들의 조기 축구라고 해서 허재, 김병현, 이형택, 김동

현, 이대훈 그러니까 축구와 전혀 관계가 없는 스포츠 전설들을 모아놓고 허재 선생님도 방송을 한 번도 해보신 분이 아닌데 엄청나게 설득해서 세상 밖에 처음 내놓은 거예요. 이들을 데리고 스포츠 버라이어티로 시작해서, 시즌 2는 비인기 종목 선수들을 데리고 축구팀에 도전하는 걸 했거든요. 그래서 거기는 좀 다른 영역의 스포츠로 진화가 됐고 지금 시즌 4에는 각기 다른 4명의 감독이 판타지 리그라고 리그전으로 발전해서 지난주에 첫 방이 나갔어요. 2019년부터 햇수로 7년째 이어오고 있는 건데 이 스포츠팀 프로그램을 한다는 건 제가 그 스포츠팀을 운영하는 것처럼 뭔가 그런 애정도와 그 구단주처럼 이 프로그램에 있는 거랑 스포츠 버라이어티부터 지금 스포츠 리얼리티까지로 약간 발전 진화돼 온 측면이 있어요. '뭉쳐야 찬다'가 두 번째로 애정이 가요.

세 번째는 '주간 아이돌'이에요. 주간 아이돌은 MBC every1에서 '제작비가 없는데 여름방학에 4주에서 8주 정도 할 수 있는 프로그램을 만들어 달라'고 해서 흰 세트에 그냥 흰 배경에 자막넣고 만들었어요. 그때 아이돌이 막 뜨던 시기였어요. K팝이 뜰 때는 아니고 아이돌이 점점 주목을 받기 시작할 때인데 그 아이돌을 데리고 게임하고 놀고 아이돌들이 노래나 무대는 아는데 개인을 모르겠는 거예요. 소녀시대가 떠도 소녀시대에 누구누구가 있고 캐릭터를 모르겠고요. 예를 들면 비스트 노래가 그때 잘 되고 있었는데 비스트 개개인도 얼굴이 구별이 안 되고 잘 모르겠는 거죠. 제가 그때 '뮤직플러스'를 할 때였는데 이들을 인터뷰를 해보니까 개개인이 캐릭터도 있고 재미가 있는데 그때는 리얼리티 같은 프로그램이 활발하기 전이어서 이 친구들이 무대 외에는 보여줄 데가 없었어요. 그래서 아이돌을 데리고 게임 쇼, 내지는 캐릭터를 보여주는 프로그램을 하면 좋겠다고 생각했어요. 그때 '주간 아이돌'은 아무것도 없는 흰 스튜디오에서 방학 때 8주짜리로 시작해서 그걸 10년 가까이 포맷을 만들어서 '주간 아이돌'을 제작했어요.

'주간 아이돌'을 보고 거기서 눈에 띄는 친구들을 프로그램 할 때 데려가서 MC로 쓰고 모든 프로그램에서 아이돌을 섭외할 때 저한테 전화가 와서 누가 잘하니, 거기서 누가 좋니, 프로그램에 넣으려고 하는데 어떤 아이돌을 넣으면 좋니, 이런 걸 다 물어봤거든요. 아이돌들을 재조명하고 그들을 만들었다는 측면에서 '주간 아이돌'이 베스트 중에 하나의 프로그램이에요.

네 번째는 '판타스틱 듀오'인데 KBS에서만 20년 하다가 처음 SBS 가서 만든 프로그램이에요. 그때 MBC '복면 가왕'이 '골목대장'으로 최고 시청률을 누릴 때였거든요. 거기 맞서는 주말 시간대여서 초반에 시청률이 좀 고전하긴 했는데 그 당시에 SBS PD가 핸드폰 앱을 보다가 핸드폰 앱에서 가수가 노래를 부르는 거에 자기 얼굴을 넣어서 2분할로 듀엣을 하는 것처럼 하는 앱이 있었어요. 이 앱을 보고 '이게 너무 재밌는데 이걸로 프로그램을 만들고 싶어요'라고 찾아왔어요. 그 하나의 키워드로 프로그램을 만들었던 게 '판타스틱 듀오'거든요. 포맷적으로도 훌륭해서 해외에 수출이 됐는데 그 역시 작가를 인정해 주지 않고 방송사만 가져가는 '복면가왕'과 같은 사태가 벌어졌죠.

'판타스틱 듀오'가 팬들도 좋아하고 가수들도 의미가 있어 하고, 무대가 완성도가 있었거든요. 마지막은 '옥탑방'이든 '미녀들의 수다'든 '승승장구'든 토크 프로그램이에요. 토크쇼를 KBS에서 한 번도 쉬지 않고 계속하긴 했거든요. '미녀들의 수다' '상상 플러스' '승승장구' '해피 투게더' '옥탑방의 문제아들' 이런 프로그램들을 다 몇 년씩을 했어요. 토크를 여태까지 쭉 해와서 토크쇼에 대한 애정이 있어요. 사람의 이야기를 듣고 그 사람을 다르게 보이게 하는 지점, 그래서 토크 쇼가 제가 애정하는 장르예요.

플랜(Plan)

 예전에는 A급을 섭외해서 토크만 해도 시청률이 나오던 시대였는데 지금은 그렇지 않잖아요. 너무 소비할 게 많고 유튜브에도 콘텐츠가 많고 OTT로도 사이즈가 커진 게 많고 이러다 보니까 볼 게 많고 기회는 적고 더 경쟁이 치열해지고 머리를 쓸 수밖에 없는 것 같아요. 예전에는 이 정도 기획안이면 쉽게 통과돼서 프로그램 제작에 들어갈 수가 있었는데 지금은 방송사들이 다 돈이 없기 때문에 그 기회가 소중해서 안정적이라고 생각했던 프로그램, 누구나 생각할 수 있는 프로그램으로는 제작을 할 수 있는 기회조차 생기지 않거든요.

 흑백요리사를 해서 성공을 거뒀지만, 한국 시청자가 제일 까다로워요. 시즌1하고 시즌2 똑같이 하면 똑같이 했다고 안 일하다고 욕하고요. 외국 '마스터 셰프' 같은 프로그램이나 '고든 램지 쇼'같은 걸 보면 시즌 20까지 똑같이 하거든요. 우리가 회의할 때마다 너무 부럽다고 해요. 외국은 했던 거 똑같이 해도 아무 말을 안 하는데 우리나라는 조금만 똑같거나 지루해도 바로 시청률이 떨어지고 재미없다고 사람들이 안 봐요. 때문에 결국 예능 바닥에서 프로그램하려면 계속 새로운 걸 생각하고 뭔가 다르게 하려고 노력할 수밖에 없는 것 같아요. 장르적으로는 요리 프로그램까지 해봤다고 하지만 어떻게 비틀거나 어떤 다른 조합을 섞어서 또 새로운 형식이 나올지 모르기 때문에, 그냥 계속 이 '업'을 하는 이상은 고민을 할 수밖에 없을 것 같고요. 새로운 포인트가 있을지 어떤 새 인물이 있을지는 고민을 할 수밖에 없는 것 같기는 해요.

다양한 장르를 해보는 게 좋긴 한데 서바이벌 프로그램을 해보니 서발이벌은 놓지 않고 꾸준히 해봐야겠다는 생각은 했어요. '서바이벌 쇼'라는 게 사람들을 경쟁시켜서 도파민이 터지게 하는 최고의 포맷인 것 같고 생존과 탈락의 구조이다 보니 서바이벌이 가진 힘이 있거든요. 그러니까 임영웅의 탄생도 결국은 서바이벌일 수밖에 없어서 새로운 얼굴을 발굴해서 스타를 만드는데 있어서 강력한 힘을 가지고 있는 구조이기 때문에 서바이벌이라는 장르를 계속 도전할 것 같아요. 대신 이 서바이벌이 요리도 했고 음악도 했고 안 해본 장르가 없잖아요. 어떤 새로운 장르, 인물군, 어떤 키워드로 서바이벌을 새롭게 할지 이런 거는 고민해 보긴 할 것 같아요.

지금 점쟁이들 서바이벌을 준비하고 있거든요. 디즈니에

서 제작해서 내년에 오픈될 거예요. 하반기에는 SBS에서 '우리들의 발라드'라고 발라드 서바이벌도 준비하고 있어요. 점쟁이들 서바이벌은 이건 비과학적일 수밖에 없고 그래서 어려운데 영화 '파묘'가 글로벌로 성공했잖아요. 성공 사례들이 있고 외국에서는 'K 샤머니즘' 이런 걸 궁금해하기 때문에 그룩도 새롭고 관심이 있었는데 '디즈니'도 '디즈니 코리아'도 있고 '디즈니 아시아'도 있고 '디즈니 USA'가 있어서 미국 지사에서 전 세계에 크리에이터들이 이거를 하겠다고 그린 라이트를 줘야지만 스타트가 되거든요.

서바이벌을 새롭게 하고 싶어 하니까 무슨 서바이벌을 해볼까 하다가 '신들린 연예'도 나오고 '파묘'가 또 너무 잘 되고 이래서 '점쟁이 서바이벌 한번 해봐' 이렇게 디즈니에 제안했는데 해보자 한 거죠. 무당도 있고 신점도 있고 타로도 있고 그들도 장르가 다르잖아요. 지금은 다 같이 하는 구조를 짜려고 하는데 각자 자기들이 할 수 있는 영역을 다 선보이게끔은 하려고 하고 있어요.

새로운 키워드를 찾다가 그걸 찾아서 하는 건데, 제일 반응이 좋은 게 '디즈니 USA'에 있는 사람들이 한 줄 설명 듣고 너무 재밌겠다고 바로 그린 라이트를 눌렀대요. 오히려 우리는 한국적인 거로 생각했는데, 외국에서 더 '쇼'적으로 생각해서 기대하고 있다고 하더라고요. 그래서 서바이벌은 계속해

보고 싶은 측면이 있어요.

꼭 이루고 싶은 건 작가 인생에서 '에미상'을 꼭 받고 싶어요. '에미상은 프로그램을 제출하면 받는다'라고 하긴 하는데 제가 프로그램을 하면서 제일 아쉬웠던 게 제가 섭외하고 다 만들었어도 '판타스틱 듀오'도 제가 다 만들고 제가 다 구성해서 짰는데 결국 SBS에서 IP를 갖고 포맷을 수출하잖아요. 그런 게 속상했어요. 제가 '썸싱스페셜'에서 포맷해서 재작년에 '썸싱스페셜'에서 낸 프로그램이 '언포게터블 듀엣'이라고 있어요. 치매로 기억을 잃어가는 사람이 자기 가족이나 친구나 기억을 잃기 전에 가장 소중한 사람과 듀엣을 부르는 프로그램이에요. 그런데 그 프로그램을 '썸싱스페셜'이 콘텐츠진흥원에서 제작비 지원을 받아서 작년에 MBN에서 추석 특집으로 2회 방송을 했어요. 지금 대만이나 BBC나 이런 데서 제작하려고 포맷 계약을 앞두고 있고, 그때는 특집 파일럿으로 했는데 한 시즌 정도를 해야지 그게 완결성이 있고 포맷 수출할 때 더 좋은 거라 그걸 올해 다시 콘텐츠진흥원 제작 투자를 받아서 하반기에 시즌제로 한 시즌을 제작할 거예요. 그래서 그 프로그램을 제작하면 그걸 에미상에 내 볼 거거든요. 이건 저작권이 '썸싱 스페셜'과 저에게 IP가 나뉘어 있어요. 그러니까 에미상이 꼭 그런 목적이라기보다 그 누구도 인정해 주지 않는 IP를 작가가 가진다는 게 상징적인 거잖아요.

예를 들면 SBS에서 하반기에 하려고 하는 발라드 오디션 '우리들의 발라드'도 제가 쓴 기획안으로 제작하는 거지만 어쨌든 SBS도 IP를 하나도 나눠주지 않거든요. 방송사도 IP와 공연권 이런 걸 갖지 않으면 오디션 프로그램을 할 수 있는 영역이 안 되고요. 상징적인 측면으로 작가가 온전히 자기 IP를 가지고 프로그램을 제작해서 해외에 수출이 됐다는 걸 꼭 하고 싶어요.

사장님 귀는 당나귀

심은하

사장님 귀는 당나귀 귀 KBS
심은하 작가

프로그램		
	SBS	백년손님
	SBS	동상이몽; 괜찮아 괜찮아
	KBS	살림하는 남자들
	KBS	TV는 사랑을 싣고
	KBS	사장님 귀는 당나귀 귀
	TV조선	아빠하고 나하고
	채널A	아빠는 꽃중년
	채널A	절친 토큐멘터리 4인용 식탁
	Kt ENA	최화정; 김호영의 보고싶었어
	KBS	공부와 놀부

수상 내역

2014년 - SBS 연예대상 방송 작가상 (백년손님)

2015년 - SBS 작품상 특별상 (동상이몽, 괜찮아 괜찮아)

2016년 - 한국방송작가협회 예능부문 작가상 (백년손님)

2018년 - KBS 연예대상 방송작가상 (살림하는 남자들)

2021년 - KBS 이달의 PD 상 (사장님 귀는 당나귀 귀)

#시작

국어 국문학과를 졸업하고 후배랑 같이 서울에서 자취할 때였는데 어느 날 신문을 보는데 신문 밑에 '한국 방송 작가 교육원 1기 모집'이라는 광고가 보이더라고요. 교육원에 입학해서 쇼 오락 분야에서 배우고 졸업 하고 현대 방송이 개국하고 1년 됐을 때 '이경규 쇼'의 막내 작가로 시작했죠. 그때는 원고지에다 대본 쓰고 화이트로 지우던 시절이었는데 맨날 복사하던 게 저였어요. 그러다가 이경규 쇼에 홍윤희 선배가 KBS로 가면서 '자유선언 오늘은 토요일' 프로그램을 하는데 저를 불러주셔서 같이하게 됐고, 주말 프로그램 토요일 120분짜리 프로그램을 하는 동안 일을 어마어마하게 배웠죠.

그때 유재석 씨랑 같이 메뚜기 탈 쓰고 프로그램하던 때가 생각나요. 벌써 30여 년 전 일이라는 게 믿어지지 않아요. 그때는 유재석 씨도 신인이었고, 저도 막내 작가였던 시절이었죠.

29년 차

 올해로 방송작가를 한 지 29년 된 현업 작가입니다. 29년 동안 6개월 정도 쉬어 봤을 정도로 늘 일하고 있는 사람, 그것도 한두 개가 아니라 다작하는 작가죠. 재밌는 아이디어가 많은데 어떻게든 다 프로그램으로 만들어야 했어요. 사장님 귀는 당나귀 귀, 살림하는 남자들, 백년손님, 동상이몽도 제가 기획해서 만든 프로그램이고 그 외에도 조선 체육회, 스포츠 골든벨, TV는 사랑을 싣고, 갓파더, 뮤직뱅크, 아빠하고 나하고, 아빠는 꽃중년, 4인용 식탁, 가장 최근에 '공부와 놀부'까지 여러 프로그램을 하고 있고 매 순간 열심히 살고 있어요.

 둘째 아이 낳을 때 6개월 정도 쉬었던 거 같은데 그때 산후 우울증이 와서 어떤 프로그램이라도 하자 싶어서 아침 프로그램으로 다시 일을 시작했죠. 그러고 나서 처음으로 기획한 게 KBS '해피버스데이'라고 출산 장려 버라이어티 프로그램이었어요. 이경규 씨가 의사고 이수근 씨가 간호사로 출연했는데, 산부인과에 가서 아이 낳으면 축하해주는 프로그램이었어요. 그게 첫 기획 작품이었고 그때부터 제가 메인 작가로 일을 다시 시작했죠.

#기획의 달인

 백년손님은 '고부 갈등'만 있다가 '장서 갈등'이라는 게 처음 신문 기사로 나왔어요. 요즘 사위들이 장모님 눈치를 많이 본다였거든요. 능력 있는 와이프를 얻으면서 처가에 가면 장모 눈치를 많이 보고 장모가 이래라저래라 간섭을 많이 한다. 이런 내용인데 그걸 보고 이 프로그램을 기획하게 됐어요.

 '백년손님'을 할 때 '진짜'를 끄집어내려면 딸 그리고 사위 인터뷰를 충분히 해야 한다고 생각했어요. 그래서 장인어른 어떻고, 장모님 어떻고, 누가 어떻고를 충분히 인터뷰한 다음에 어떨 때 사위가 제일 보기 싫어요?' '어떨 때 제일 고맙던가요?' '어떨 때 장인 장모님이 제일 난처해하세요?' '어떨 때가 가장 즐겁던가요?' 그렇게 만든 프로그램이 '백년손님'이었고 그걸 7년 반을 했어요. 그걸로 SBS 연예대상에서 작가상을 받았고 방송 작가 협회상을 받았죠. 첫 관찰 예능이었어요.

 '동상이몽'은 저희 큰아이가 초등학교 5학년 때였는데, 엄마 마음은 어떻고 아이 마음은 어떨지가 궁금해서 만든 프로그램이었어요. 가족 예능 프로그램의 모든 건 생활 속에서 다 나오는 거 같아요.

거기까지 하고 KBS로 넘어가서 '살림은 도와주는 게 아니라 함께하는 거야' 그런 생각으로 만든 프로그램이 '살림하는 남자들'이에요. 살림하는 남자들 촬영할 때 카메라 배치는 메인 존을 설정해서 모든 일이 거기에서 이루어지게 했는데, 메인 존을 1, 2를 만들고 거기에 카메라 25대에서 30대를 달아요. 그리고 너무 사이가 안 좋은 부모랑 자식 간의 관계가 있을 수 있는 건 절대로 안 해요. 살림하는 남자들에 출연하셨던 김승현씨 어머니 아버지가 나중에 '결혼 지옥'에도 출연하셨더라고요. 두 분이 맨날 싸우셨었는데 한 번도 그걸 조명하지 않았어요. 왜냐하면 어느 집이든 안 싸우는 집 없고 그게 방송에 나와서 이들이 얻을 게 없다고 생각했거든요. 그게 중요하다고 생각해요. 이 프로그램으로 2018년에 KBS 연예대상에서 작가상을 받았어요.

그 이후에 '아빠하고 나하고'도 그렇고 가족 관찰 프로그램을 하다가 '사장님 귀는 당나귀'를 하게 됐는데, 이 프로그램은 100% 제 기획이 아니었어요. KBS에 있던 이창수 PD가 프로그램 기획안을 들고 저를 찾아왔는데 기획안이 굉장히 러프했어요. 그냥 보스, 갑질, 그러니까 그때가 '대한항공 이륙지연

사건' 일명 '땅콩 회항' 사건으로 '갑질'이란 말이 크게 이슈가 돼서 '사장님들의 갑질, 보스들 이런 걸로 작가님하고 프로그램하고 싶어요' 하면서 기획안을 들고 왔는데, 이런 문제를 프로그램으로 하기는 어렵잖아요. 그것도 KBS에서요. 너무 어려웠죠. '동상이몽'을 하면서 스핀오프가 되면 부부를 해도 좋고 사장과 갑, 을 관계를 해도 좋고 이런 기획이 있었어요. 그래서 이걸 사장이랑 직원들로 해서 컨셉은 '보스는 외로워'로 정했죠. 보스까지 직원들이 안 가봤기 때문에 보스는 늘 외롭고 보스들끼리의 마음은 똑같아, 그런데 이 보스들을 놀려야 해. 놀려야 재밌을 거야. 그래서 '갑질'이라는 말을 없애고 만든 게 '갑갑하다'였어요. 저는 그 협업의 장점을 거기서 얻었어요. 작가들이라고 '내가 다 기획했어'가 아니라 PD의 좋은 모티베이션이 있고 거기다 작가가 잘하면 좋은 프로그램이 나올 수 있다는 거죠.

'사장님 귀는 당나귀 귀'는 지금도 셰프들의 산실이에요. 셰프님들이 주방에서 칼이랑 불을 쓰기 때문에 무서운 게 장난이 아니거든요. '갑질'이 세다는 의미일 수도 있는데 그게 센 직업으로는 셰프님들 그리고 운동선수 이쪽들이 많았어요. 특히 예전에 운동선수들은 못하면 '얼차려' 하고 무리한 기강 잡기가 있어서 더 그랬던 것 같아요.

그때 프로그램에 처음 출연하셨던 셰프님들이 이연복, 여경래, 최현석, 정호영, 송훈 셰프 그리고 제가 마지막에 섭외하고 나온 정지선 셰프까지였어요. 첫 회에는 서울시장이셨던 돌아가신 박원순 시장님을 섭외했었는데 그 이유가 정치인을 도드라지게 보여주고 싶었거든요. '사장님 귀는 당나귀 귀'를 하고 그다음에 KBS 교양국에서 연락이 와서 'TV는 사랑을 싣고'를 리뉴얼 했고, TV조선으로 와서 '아빠하고 나하고'를 해서 시청률을 6%까지 만들었죠. 남들과의 관계 그러니까 혈육이 아닌 관계에서의 갑갑함을 '사장님 귀는 당나귀 귀'로 보여줬는데 '친가족인데 이렇게 모를 수 있을까'를 알게 해주려고 만든 프로그램이 '아빠하고 나하고'였어요.

저는 돌아가신 아버지랑 정말 뼛속까지 너무 친하게 지냈던 사람이기 때문에 그럴 줄 몰랐는데 보통 많은 사람들이 부모와의 관계가 어색하더라고요. 특히나 내 부모의 마음을 모르고 내 자식의 마음을 모르고 그걸 인터뷰라는 장치를 통해서 처음으로 조명한 관찰 프로그램이었거든요. 아빠는 그 자식이 어렵고 불편하고 그걸 통해서 서로 가까워지고 그래서 작년에 시청자들에게 많이 사랑을 받았죠.

'아빠는 꽃중년'은 남자들이 젊을 때 놀 거 다 놀고 40 중반 50대에 결혼한 늙은 아빠들이 애 키우느라고 고생하는 걸 만든 거예요. MC가 김구라 씨였고 늦둥이 보신 김용건 선생님도 MC였어요. 그리고 신성우, 안재욱, 신현준, 이렇게 눈도 침

침하고 몸도 안 좋은 이분들이 애들 키우느라고 너무 고생하는데 중요한 건 '나 죽으면 엄마한테 잘해' 이게 다 공통점이었어요. 결국은 모든 관찰 예능 프로그램은 '가족 간의 관계'에서 착안하게 되는 것 같아요.

4인용 식탁은 '대한민국에서 처음으로 MC 없는 프로그램을 해보자'는 것이었어요. 친한 연예인끼리 모이면 그들은 뭐 먹고, 무슨 얘기 하고, 뭐 하고 놀지, 이걸 좀 보여주자. 이걸 식탁에서 밥을 차려주고 집에서 MC 없이 해보자 그래서 만들었는데, 이제 곧 90회가 돼요. 굉장히 장수하는 프로그램이죠. 그리고 최화정, 김호영의 '보고 싶었어' 같은 경우는 최화정 씨 회사에서 토크쇼를 하고 싶다고 제안이 들어왔어요. 기획안을 그 자리에서 바로 써서 ENA 채널과 진행하게 된 프로그램이고 KBS '공부와 놀부' 같은 경우는 아들이 초등학교 때인데 보통의 부모는 시험 보고 몇 개 틀렸어도 다음에 잘하라고 하는데, 옆집 아이가 90점 맞아서 집에 가면 엄마한테 혼나서 울고불고 학원도 못 간다고 하는 거예요. 그 말을 듣고 '부모고시'라고 해서 기획했어요. 부모들도 아이들 시험 문제가 얼마나 어려운지 '부모들이 시험을 좀 봐야겠다'라고 생각해서 만든 퀴즈 프로그램이었죠.

예전에 '스포츠 골든벨'이라고 전현무 서장훈 씨가 MC고 허재, 박세리, 이런 분들이 나와서 퀴즈 푸는 프로그램이 있었는데 그게 파일럿 프로그램 중에서 1등을 했었어요. '조선체육회' '공부와 놀부'도 그렇고 역시 각 분야에서 1등이고 너무 대단한 사람들의 가족 간의 모습이 보이는 그런 프로그램들을 하는 걸 저는 좋아하는 것 같아요.

#관찰 예능

관찰 예능이라는 건 직접 카메라 앞에서가 아닌 카메라가 있는 걸 모른 채 이 사람들의 행동과 속 마음을 관찰해서 그걸 예능으로 푼다 예요. 저는 그게 관찰 예능이라고 생각해요. 제일 중요한 건 그냥 관찰하는 게 아니라 상황으로 몰아넣어야 한다는 거죠. 약간 극으로 치닫게 해서 뾰족한 상황에서 놓고 그걸 카메라로 본다였고, 그게 관찰 예능이라고 생각했어요. '삶을 관찰한다'라는 걸로요. 관찰이라는 건 24시간 카메라를 돌리잖아요. 아침에 일어났을 때부터 이들은 뭘 하는지를 타임테이블로 짜야 하는데 그게 대본이에요. 그 대본은 출연자들에게는 공유하지 않고 제작진들만 가지고 있는 대본이거든요.

시청자들이 관찰 예능을 통해서 대리 만족을 느끼는데 그걸 보면서 저 사람들도 나와 별반 다르지 않게 사는구나, 의사 남편을 만났고, 운동선수를 만났고, 그렇더라도 우리 집 남편이랑 별반 다르지 않구나. 더 중요한 건 내 남편이 더 착하고 우리 엄마한테 더 잘하는구나. 관찰 예능 프로그램을 만들면서 얻은 게 그거예요. 우리 남편 같은 사람이 없구나, 우리 남편이 제일 좋네 이런 걸 느끼게 되더라고요.

SBS의 첫 관찰 예능이 '백년손님'이었어요. 저의 장점은 서로 극과 극에 있는 캐릭터를 놓고 한 군데 다 몰아놓은 다음에 그걸 지켜보는 걸 제일 잘해요. 부모와 자식이 그렇고 사장과 그러니까 갑과 을이 그렇고 비슷한 사람이 아니라 반대 입장에 있는 사람을 어떤 상황에 딱 놓고 지켜보는 걸 잘한다고 생각하거든요. 저는 사람한테도 관심이 많아요. 사람을 잘 보는 편이죠. 어떻게 살아왔겠고, 또 앞으로 어떻게 살겠구나 이게 보여요. 그래서 관찰 예능이 저한테는 잘 맞는 거 같아요.

저의 노하우인데 내가 하고 싶은 프로그램보다 시청자가 보고 싶어 하는 프로그램을 만들어야 한다고 생각해요. 그리고 더 중요한 건 '대단해 보이는 연예인들이 나의 삶과 별로 다르지 않구나' 그게 기본 모토예요. 그래서 그들이 가장 가깝게 시청자한테 다가오게 하기 위한 장치가 관찰 예능프로그램인 것 같아요. SBS '백년손님'에서 이만기 씨랑 장모님하고 출연하셨을 때인데, 제리 장모님하고 톰 사위라고 두 분이 맨날 싸우고 그랬거든요. 제리 장모님은 사위 골탕 먹이는 걸 너무 재미있어하세요. 왜냐하면 대단한 씨름 장사가 내 사위인데 사위를 놀리는 게 너무 재미있어서 동네 할머니들을 다 데리고 가서 '우리 사위야' 그렇게 자랑하고는 재래식 화장실에 똥 푸는 걸 시켰어요. "이 할머니네 똥 좀 퍼줘" 그러고 가서 자기들끼리 고스톱 치고 국수 삶아 먹고 놀아요.

그리고 장모님이 이장한테 거름을 얻어와서 밭에 뿌리라고 했는데, 거름은 소똥과 닭똥을 적당하게 섞은 천연 거름이었어요. 냄새도 지독했는데 그걸 한 번에 끝내겠다며 고무통에 채워서 들었는데 다들 천하장사 이만기 씨면 번쩍 지게를 들어 올릴 줄 알았는데 욕심이 과했는지 그만 기울어져서 고무통에서 똥 벼락이 떨어진 거예요. (웃음) 그날 촬영장에서도 난리 났었어요. 머리 위로 소똥, 닭똥 가루들에 이만기 씨 비명에 아수라장이 됐었죠.

'사장님 귀는 당나귀 귀' 첫 회 출연자가 돌아가신 박원순 시장님이셨어요. 그때 박원순 시장님이 직원들이랑 점심을 먹으려고 다 같이 중국집에 가서 주문하는데 시장님이 큰 소리로 "원하는 거 다 시켜" 하시면서 "그런데, 난 짜장" 이러신 거예요. 그것 땜에 빵 터졌어요. 가장 윗사람이 중국집 가서 '난 짜장' 하는 순간 짜장보다 위에 걸 시킬 수가 없잖아요. 그걸로 파일럿 프로그램이 레귤러 프로그램이 됐어요. 시청률이 높았거든요. 이연복 셰프님은 부산에서 중식집을 운영하시는데 아들이 직원이었어요. 거기서 '앵그리 보스'라고 인상 쓰고 와서 "야, 이거 맛있어?"하면서 갑질하는데 아버지라 집에 가면 만나야 하고 또 여기서는 직원이라 말 잘 들어야 하는 내용들이 있었죠. 저희가 회의할 때 이 사람이 절대로 안 할 일, 제일 시키고 싶은 거, 그런 걸 찾았거든요. 왜냐하면 시청자들은 그런 걸 재미있어해요.

#1등의 법칙

OTT가 활성화된 이후부터는 시청률 1등이라는 건 없어요. 시청률과 광고가 매칭되지 않아요. 그리고 이제 TV를 보는 수가 너무 많이 줄었고요. 그래도 '1등 시청률' 프로그램을 예전에 많이 했었는데 저는 1등의 법칙이라는 건 좀 다른 얘기로 출연자 중에 자기 분야에서 1등 한 사람들을 모아서 프로그램하는 걸 좋아해요. 그게 '사장님 귀는 당나귀 귀'였고 출연하신 셰프님들도 운동선수들도 최근에 만나고 있는 패션계나 이런 쪽에 계시는 분들도 그렇고요, 한 분야에서 자기 걸 20년 이상 해서 일가를 이룬 분들에 대한 엄청난 리스펙이 있어요. 그분들의 노하우를 세상에 알리고 싶어요.

그리고 어느 분야에서든 한 번 1등 했던 사람은 반드시 그 1등이 되풀이된다는 걸 믿어요. 그게 저한테는 '1등의 법칙'이에요. 왜냐하면 그 노하우를 알기 때문이에요. 한 번 해봤고 그러니까 그 꼭대기에 올라가 봤거든요. 그래서 다른 분야를 가도 비슷한 '열심'을 내는 것 같아요.

1등의 법칙이라는 건 '나를 내려놓을 줄 아는 거' 같아요. 저는 이미 유명해진 연예인 하고 프로그램을 같이하는 것 보다 평가 절하된 사람을 띄우는 달란트가 있는 거 같아요. '백년손님'의 모든 출연자가 그랬고, 살림하는 남자들의 김승현 씨가 그랬고요. 저하고 잘 맞는 '합'의 사람들은 그 분야 1등 했던 사람들이거든요.

농구 대통령 허재, 야구 이종범, 김병현, 그리고 각 분야별 보스들 이런 사람들이요. 제가 좋아하는 말인데 '1등의 법칙'이 있어요. 일희일비하지 않고 감정에 치우치지 않고 일이 먼저예요. 언제나 최고의 에너지를 가지고 있어요. '감사'를 아는 사람이고요. 연예인이 아니어도 출연자가 우리 제작진들한테 고마워할 줄 아는 사람, 한 사람을 한 가족을 띄우기 위해서 30명의 스태프가 촬영하고 있고 촬영해서 편집하고 시사를 하거든요. 그 노고를 알고 고마워할 줄 아는 사람은 반드시 잘 되더라고요. 감사를 아는 연예인이면 언제든지 다시 하고 싶어요. 그게 1등 연예인이기도 하고요.

세상의 전부

이게 맞을지 모르겠는데 제가 지금 하지 않고 있더라도 내가 만든 프로그램은 안 없어졌으면 좋겠어요. SBS '동상이몽' KBS '살림하는 남자들' KBS '사장님 귀는 당나귀 귀' 그리고 TV조선의 '아빠하고 나하고' 채널A '4인용 식탁' ENA '보고 싶었어' KBS '공부와 놀부'같이 지금 하고 있는 프로그램들이 없어지지 않았으면 좋겠거든요.

요즘 누가 TV를 하냐, 다 유튜브 하지, 또 누가 TV를 보냐 하는데 함부로 말하면 안 되는 거라고 생각해요. 왜냐하면 아이디나 비번을 만들 줄 모르는 어르신들은 TV가 다예요. 거동이 불편하신 분들은 TV가 이 세상의 전부라고요. 그들을 위한 프로그램을 만들었으면 좋겠다는 생각이 들어요.

인앤인 (人 & IN)

'사람도 나무도 일정한 높이까지는 위로 성장한다. 하지만 어느 시점에 도달하면 높이는 더 이상 성장의 척도로서 역할을 하지 못한다. 높이의 성장이 어느 정도 완성되기 시작하면 이후에 키워드는 속도와 크기가 아니라 질과 깊이가 되어야 한다'

어느 책에서 이런 구절을 봤어요. 이것 때문에 회사를 만들었고요. 저는 벌크업이 되고 있는데 방송사에선 저를 담기가 좀 버거웠을 거예요. 작가 회사이기 때문에 작가로서 기획을 많이 하고 앞으로 중국이 열릴 거라는 걸 알고 있어요. 중국이 열리고 넷플릭스뿐만이 아니라, 방송사 12개뿐만이 아니라 좀 더 콘텐츠로 탄탄한 회사를 만들고 싶었어요.

그래서 만든 회사가 '인앤인' 사람 '인(人)' 자에다가 영어로 'IN'이에요. 사람은 들어오면 못 나가고 돈도 들어오면 못 나간다는 뜻으로 제작사 이름을 '인앤인'으로 지었어요.

작가와 대표

작가는 프로그램이 오래가거나 이 프로그램을 좀 더 채널에서 지켜줄 거라고 믿고 싶죠. 제작사 대표는 정확하게 윗선들의 의지를 제일 빨리 알게 되잖아요. 그러다 보니 그들의 니즈를 누구보다 더 빨리 알아요. 그러면 빨리 수정하거나, 아니면 이건 그냥 지켜봐 주겠구나! 이런 걸 아는 거고 저는 그걸 같이 하다 보니까 그걸 빨리 아는 것과 동시에 제작으로 바로 투입이 돼서 "빨리 이렇게 바꿔, 이건 이렇게 빼자" 이렇게 하게 되는 것 같아서 그게 장점이고, 단점은 너무 그걸 빨리 알다 보니까 작가로서는 덜 재미가 있는 것 같아요. 다 알고 가니까요. 안대를 쓰고 걷는 거, 상상을 하면서 걷는 게 작가 같고, 눈을 다 뜨고 걷는 게 제작사 대표인 것 같아요.

2025년 이후 방송 판도는 많이 바뀔 거예요. 느껴지는 게 그래요. 지금은 방송에서 유튜브로 간 것 같지만 유튜브도 사양이에요. 넥스트를 찾아야 하는데 넷플릭스가 정답은 아닌 것 같아요. 넷플릭스엔 우리 작가들에게 IP가 없잖아요. 더 크게 봐야 한다고 생각해요. 그 판을 만들기 위해서 작가 회사를 만들었어요.

이제는 콘텐츠를 만들 수 있는, 기획할 수 있는 사람은 살아남아요. 그래서 필요한 게 '작가 회사'였어요. 저는 작가로서는 지나온 저의 삶에 집중하게 될 것 같아요. 드라마를 쓰겠다, 숏폼을 쓰겠다, 예능을 하겠다가 아니라 저의 경험과 노하우에 집중하게 될 것 같아요. 미래는 후배들한테 넘기고 나는 나의 과거, 분명히 나의 과거에 대한 향수가 그리운 시청자층이 있을 거로 생각하거든요.

1996년에 처음 시작했는데 1996년 KBS 막내 작가였던 그 시절부터 2025년까지 쉬지 않고 달려왔잖아요, 그러니까 과거로 돌아가고 싶은데 말은 이렇게 하지만 계속 끊임없이 새로운 걸 찾고 있을 거 같긴 해요. (웃음) 제작사 대표로 10년 후에는 중국에 진출해 있을 거 같아요. 지금부터 준비하고 있거든요. 이미 기획안도 있고요. 중국 시장이 훨씬 넓고 미개척된 곳이라 중국에 그 깃발 꽂는 걸 제일 먼저 하고 싶어요. 그리고 제작하는 PD 회사든, 유튜브 제작하는 회사든, 인플루언서 회사든, 콘텐츠를 개발할 수 있는 곳이라면 함께 해 나가고 싶어요.

저는 콘텐츠를 연예인이라고 생각하지 않아요. 자기 스스

로가 콘텐츠인 경우여야 된다고 생각하거든요. 꿈은 이루어 진다고 생각해요

사장님 귀는 당나귀 귀 KBS | 심은하 작가

불후의 명곡 김지윤♥

불후의 명곡 KBS
김지은 작가

프로그램		
	MBC	일요일 일요일 밤에
	MBC	전파 견문록
	KBS	슈퍼선데이, 출발드림팀
	KBS	대한민국 어게인 나훈아 쇼
	KBS	피어나라 대한민국 심수봉 쇼
	KBS	위아 히어로 임영웅 쇼
	KBS	ㅇㅁㄴ 지오디 쇼
	KBS	이찬원의 선물
	KBS	불후의 명곡

수상 내역

2014년 - KBS 연예대상 방송 작가상
2020년 - 한국 PD 대상 방송 작가상
2020년 - 한국방송 작가협회 예능 부문 작가상
　　　　　(대한민국 어게인 나훈아 쇼, 불후의 명곡)
2020년 - KBS 연예대상 방송 작가상
2024년 - 대한민국 콘텐츠 대상 국무총리상

프로그램(Program)

1999년에 MBC '일요일 일요일 밤에'로 시작해서 '전파 견문록' '퀴즈가 좋다' '꼭 한번 만나고 싶다'를 했고 '자유선언 토요 대작전' '출발 드림팀'을 KBS에서 하다가 '슈퍼 TV 일요일은 즐거워'를 하고 나서 2011년부터 '불후의 명곡'을 시작했어요. KBS '트롯 전국 체전' '리슨업'이라는 프로그램도 했었고 그러면서 JTBC 처음 런칭 때 '패티 김 쇼'를 했고 '백인 백곡 끝까지 간다' '대단한 시집'이라는 리얼리티 프로그램들도 했죠. 특집은 '백상 예술 대상' '연예 대상' '가요 대축제' '대한민국 어게인 나훈아 쇼' '피어나라 대한민국 심수봉 쇼' '위아 히어로 임영웅 쇼' 'ㅇㄴㅁ 지오디 쇼' 마지막으로 작년 추석 때 '이찬원의 선물 쇼'를 했어요.

#불후의 명곡

 KBS가 토요일 6시 시간대가 잘 안 돼서 프로그램이 6개월에 한 번씩 바뀌거나 1년에 한 번씩 바뀌었어요. SBS는 '스타킹'을 했었고 MBC는 '무한 도전'을 하고 있어서 모든 KBS 프로그램이 잘 안됐었거든요. 그 당시 노래 경연 프로그램이 붐이 일어날 초반이었는데, MBC는 주말에 '나는 가수다'를 했었고 그 시기에 KBS에서 그런 음악 프로그램을 만들었으면 좋겠다고 하더라고요. 예능계의 '대' 작가이신 임기홍 작가님이 저를 추천해 주셔서 '불후의 명곡'을 시작했죠.

 마침, 전에 하던 프로그램이 금방 막을 내려서 빨리 기획해야 했기에 회의를 한 달도 못 하고 시작했어요. 토요일 프로그램이 '자유선언 토요 대작전'처럼 코너가 2개 있었고 하나가 '불후의 명곡' 하나는 인피니트가 강아지를 키우는 '가족의 탄생'이었는데 이게 한 프로그램이었어요. 그러고 나서 '불후의 명곡'이 단독이 되었죠. 처음에는 아이돌 위주로 진행했는데 그때 출연한 아이돌이 아이유, 슈퍼주니어의 예성, 씨스타의 효린 그렇게 6명이 첫 회 출연진이었고요. 아이돌 중에서도 노래 잘하는 친구들이 많다는 것도 보여주고 싶었어요. 그때 '씨스타'가 인기가 많지 않던 시절이었는데 효린 씨가 뜨면서 씨스타도 뜨고 저희 프로그램도 떴죠.

'뮤직뱅크'도 메인 작가로 했는데 '뮤직뱅크'는 기존 아이돌들이나 새로운 아이돌들이 이번 신곡을 들려주는 게 포인트라서 작가가 크게 뭔가를 하는 역할은 없어요. 그런데 불후의 명곡은 쇼 프로그램이긴 하지만 113분이 RT인데 10분 정도 광고, 100분 정도가 프로그램이라서 노래 한 곡당 5분씩만 잡아도 30분이거든요. 나머지 70분은 토크나 이런 것들로 같이 해야 하는 종합 구성이다 보니 새로 나온 가수들은 캐릭터도 만들어 줘야 해요. 편곡도 작가들이 같이 고민해야 하고요. 가수가 표현하려고 하는 기획 의도를 작가들이 잘 표현해 주려고 하는 게 있어서 일이 많긴 하죠. 힘들어도 즐거움은 시청률 잘 나올 때죠.

또 우리가 새로운 가수들을 발굴했을 때 보람이 있어요. 효린이나 알리 황치열 등 시청자들이 잘 몰랐던 새로운 가수들을 발굴해서 인기가 많아졌을 때 즐겁더라고요. 특히 '민우혁'도 사실은 무명이었는데 그 친구가 '불후의 명곡'에 나와서 잘 되면서 그전에는 코러스 같은 느낌이었는데 지금은 뮤지컬에서 주인공을 하거든요. 아이비가 저희 프로그램에 나왔을 때 마침 뮤지컬을 하고 있어서 민우혁을 데리고 나왔는데 아이비가 안 보이고 민우혁만 보이는 거예요. 그다음부터 민우혁만 섭외했고, 그렇게 프로그램에 몇 번 나오다 보니까 주연이 됐더라고요.

롱런(Long-run)

　시작할 때는 오래 갈 거라 생각을 못 했는데 가만히 생각을 해보니 제가 이 프로그램을 1회 때부터 했었잖아요. 그러니까 낡은 집일수록 매일 쓸고 닦고 게으르지 않게 계속 관리하는 그런 것처럼 계속 달렸어요. 똑같은 포맷에 어떻게 보면 좀 느슨하게 갈 법도 한데 긴장감을 늦추지 않았던 것 같아요.

　저희 프로그램이 저 포함에서 8명의 작가가 있는데 막내 작가가 자주 바뀌어요. 힘들고 일이 많아서 3개월을 버텨내질 못하거든요. 밖에서 봤을 때는 가수가 노래하는 그런 프로그램이라고 생각할 텐데 가수마다 컨셉을 잡아줘야 해요. 예를 들면 얼마 전에 조째즈가 출연했을 때는 '서쪽 하늘'이라는 노래가 어울릴 것 같아서 이 컨셉에 맞게 앞에는 반주 없이 무음으로 부르고 그다음 조명은 암막을 주고 이런 식으로 레퍼런스를 주거든요. 그래서 가수들이 자기가 하려는 기획 의도를 잘 살려주니까 굉장히 좋아하는 것도 있죠.

불후의 명곡은 '자라나는' 느낌이 있었어요. 처음에는 이 프로그램이 굉장히 미비했거든요. 이렇게 조금씩 하다 보니 어느 순간에 자리를 잡아가고 있더라고요. 솔직히 나이 드신 분들은 저희 프로그램을 잘 안 보시기 때문에 뭔지 모르고 '경연'이라는 말만 듣고 '나는 그런 거 싫어' '왜 내 노래로 경연을 해' 이렇게 하신단 말이에요. 그래서 송창식 선생님 섭외했었을 때는 부산에서 차를 타고 2시간 가야 하는 공연장에 찾아갔는데, 찾아 가면 만나주지도 않으세요. 로비에서 기다렸다가 얼굴 한번 보고 이런 식으로 오랫동안 공을 들여서 섭외했어요.

그렇게 출연하신 게 화제가 되면서 프로그램이 조금씩 성장을 해 나갔고 그러면서 조금씩 시청률이 오르더니 최고의 시청률이었던 '스타킹'을 이기고 '무한도전'도 이기고 발전해 나가다 보니 시간대도 옮기고 지금까지도 잘할 수 있었던 것 같아요.

섭외

신중현 선생님은 핸드폰도 잘 안 받으시고 두문불출하셔서 저희 PD가 집에 무작정 찾아갔어요. 집에 안 계셔서 쪽지를 우편함에다 넣어두고 오기도 하고, 아드님이신 신대철 씨에게도 부탁을 해보기도 했는데 뵙기가 쉽지 않았어요. 그때는 진짜 송창식 선생님 섭외 때보다 훨씬 발품을 많이 팔았던 것 같아요. 공을 들여서 겨우 섭외했고 1년 후에 출연해 주셨어요.

민혜경 선생님은 서래마을 사시는데 만나기로 하신 날 안 나오셔서 차 안에서 6시간을 기다렸어요. 그때는 프로그램이 유명하지도 않아서 그랬는지는 모르겠지만 매니저가 2시까지 오라고 해서 갔는데 결국엔 방송이 다 끝나고 나서 나오셨죠. 7시간 기다리고 겨우 섭외한 경우도 있어요.

조용필 선생님은 원래 잘 안 만나시기도 하고 만날 루트도 없어서 거의 7, 8년을 계속 꽃다발 보내고 편지 써서 보내고 그랬어요. 특히 선생님 생신이라든지 기념일 같은 날 가수들한테 부탁해서 편지와 꽃다발 보내고 영상 편지도 보내고 하다 보니까 어느 순간에 만나 주시고 출연도 해주셨죠.

또 어려웠던 가수는 나훈아 선생님이요. '나훈아 쇼'를 제가 했는데 '불후의 명곡'도 하고 싶었거든요. 그런데 선생님이 은퇴하시는 바람에 못 했어요. 요즘 바뀐 게 성시경이라든지 아니면 박효신이라든지 좀 젊게 가고 싶은 컨셉이 있는데, '전설' 이러면 나이가 들어 보이고 현역 같은 느낌이 없다고 해서 한 발짝 뒤로 물러서더라고요. 그런데 저희는 동방신기도 했었고 젊은 전설들도 많이 하긴 했거든요.

반대로 김창완 선생님은 완전 저희 패밀리예요. 꾸준히 저희 프로그램에 나오셨죠. 김창완 선생님을 만날 당시에는 SBS 라디오를 하셨을 때인데 로비에서 기다리면 늘 인사만 하시고 도망가시고 그랬어요. 자기는 안 나오겠다고요. (웃음) 그러다가 어느 타이밍에 선생님이랑 같이 점심을 먹었어요. 그때 저희가 하도 만나 달라고 하니까 선생님이 그림을 그리고 계셔서 화랑 하시는 분들과 저희를 합석시킨 거예요. 밥을 먹고 그분들은 가시고, 선생님이 술을 좋아하시는데 술을 한 번 드시면 끝까지 드시거든요. 그날 선생님께 출연 OK를 받기 위해서 새벽 1시까지 술을 마셨던 기억이 나요.

#히트곡

 저희가 봤을 때 메가 히트곡이 3곡 정도는 있어야 섭외를 시작해요. 단독 전설은 6곡은 있어야 하고요. 바비킴 같은 경우도 저희가 알고 있는 곡은 딱 3곡이었어요. '사랑 그놈' '고래의 꿈' '일 년을 하루같이' 그다음 나머지 세 곡은 시청자들의 눈으로 봤을 때 무엇인가 고민했었죠. 이런 경우가 많이 있어요. 저희의 메가 히트곡과 가수분의 메가 히트곡은 차이가 있더라고요. 저희 프로그램 처음 시작할 때는 고문이 계셨어요. 음악 평론가분도 계시고 기자님도 계시고 그래서 물어보고 했었거든요. 어느 정도 노하우가 생기니까 이제는 저희가 다 하고 있어요. 저도 어느 정도 노래를 많이 알았으니까 '어, 이 노래 유명해' 이런 게 생겼어요. 70년대 노래도 많이 알게 됐고요.

 고민스러웠던 게 '배호' 선생님이었어요. '배호' 특집을 하기로 했는데 선생님 노래는 제가 한두 곡밖에 모르겠는 거예요. 어른들은 다 알겠다고 하고 평론가들도 '이 노래 다 메가 히트입니다' 이러는데 나는 모르겠는 거죠. 시청률이 안 나오면 어떡하나 하고 너무 자신이 없었어요. 그런데 10곡으로 2회분을 했고 시청률이 굉장히 잘 나왔죠.

정미조 선생님 같은 경우도 저는 '개여울'이라는 노래밖에 몰랐거든요. 그런데 마침 선생님께서 방송활동을 그만두시고 화가로 나오셨을 때여서 오랜만의 출연이라는 희소성이 있었어요.

스케쥴

공식적으로는 월요일 녹화고요, 화요일은 쉬어요. 그리고 작가끼리는 카톡 회의를 해요. 수요일이 저희 회의거든요. 작가들은 화요일 날 집에서 재택근무를 하는 거죠. 수요일은 회의, 목요일이 시사, 저는 2차 시사까지 하고 작가들은 PD들이랑 같이 목요일 금요일에 무대 구성 회의를 해요.

이제는 PD와 작가의 영역이 없어졌어요. 서로가 협업해요. 제가 처음 작가 생활했었을 때는 PD와 작가가 뭐랄까 상하 구조가 있었다면 지금은 동업자 같은 느낌이에요. 그리고 출연자 섭외 때문에라도 경조사 같은 거 많이 챙기거든요. 꼭 레전드급이 아니더라도 누가 콘서트 한다고 하면 꽃다발 보내고 이런 것들도 작가들이 다 체크를 해야 해요. 그게 섭외에 많이 도움이 되거든요. 꽃만 보내는 게 아니라 리본이 있고 문구를 보내잖아요. 그 문구도 엣지 있게 보내야 하는데 '불후의 명곡 축하합니다' 이런 거 제일 싫어요. (웃음)

엠씨와 패널

녹화 날 스튜디오는 신동엽 씨가 혼자 하고요, 토크 대기실은 김준현 씨와 이찬원 씨가 진행하는데 저희 프로그램이 특별한 게 스튜디오랑 대기실에서 동시에 진행해요. 3명이 고정 MC고 그리고 그날 출연하는 가수들이 앉아 있어요.

예를 들면 녹화가 2시부터다 그러면 토크 대기실은 1시간 전에 시작해요. 그러니까 이 포맷의 가수들이 토크 대기실 MC인 이찬원과 김준현이랑 같이 토크를 해요. '오랜만에 나왔어?' 아니면 '나 오늘 이런 노래 불러'라든지 '나 오늘 너 이길 거야'라든지 이런 식으로 가볍게요. 왜냐하면 경연이 진지하잖아요.

리얼로 가는데, 이게 진짜 랜덤이거든요. 첫 번째 공을 뽑으면 나와서 노래 부르고, 두 번째 공 뽑으면 나와서 노래 부르고 떨어지면 다시 토크 대기실로 들어가고 이렇게 리얼 타임으로 가요. 신동엽 씨는 전설이 나왔을 때 전설과 토크를 하면서 이 곡에 대한 에피소드를 듣고 가수들이 나왔으니까 그 가수들한테도 질문하면서 전체적인 저희의 윤곽을 잡아주죠.

토크 대기실은 신동엽 씨보다는 조금 더 가벼운 톤으로 그러니까 이찬원 씨도 그렇고 김준현 씨도 그렇고 가수들이 왔을 때 가수들과 조금 더 가벼운 토크를 하면서 긴장도 풀어주고 거기서 개인기 대결도 하고 이런 식으로 색깔이 나뉘어 있어요.

#명곡과 명가수

 진짜 명곡은 모르는 노래도 세대와 상관없이 한 번 들어도 훅 와닿는 노래들이 있더라고요. 예를 들면 처음에 김진호의 '가족사진'이라는 노래 들었을 때 그랬어요. '가족사진'이라는 노래가 저는 모르는 노래였거든요. '불후의 명곡'에서 불렀을 때는 그 노래가 유명한 노래가 아니었어요. 김진호 씨가 이 노래를 너무 부르고 싶어 했고, 저희도 김진호 씨는 놓치고 싶지 않아서 불러보자 했죠. 노래가 너무 좋더라고요. 그걸 듣는 순간 시청자 중에서도 저희는 어머니 층도 많이 보잖아요. 너무 좋아하시는 거예요. '나를 꽃 피우기 위해 거름이 되어버렸던, 그을린 그 시간들을 내가 깨끗이 모아서 당신의 웃음꽃 피우길' 가사가 나오거든요. 명곡은 한 번 들어도 울림이 있는 것 같긴 하더라고요.
 원래 이 프로그램의 기획 의도의 명곡은 진짜 오래된 노래 송창식의 '담배가게 아가씨'나 이미자의 '동백 아가씨' 같이 어르신들이 좋아했던 노래들이었다고 생각했는데 그 어느 순간 그게 바뀌었어요. 처음 듣는 노래도 이렇게 확 와닿을 수 있다면 이게 명곡이구나 이렇게요. 개인적으로 박정현 씨 노래 부르는 거 보고 깜짝 놀랐고요. 에일리 씨도 잘하는데 에일리 씨는 저희 슈퍼루키였거든요. 앨범 내는 것과 동시에 저희 프로그램에 출연했어요. 첫 데뷔 무대가 패티 김 선생님 노래였는데 에일리 씨는 미국에 있어서 이 노래 가사의 뜻을 모르는 거예요. 그런데 '빛과 그림자' 노래를 부르면서 너무 잘 표현을 했었죠. 나중에 물어봤더니 무슨 뜻인지 하나도 모르고 불렀다고 하더라고요. 그 노래를 가사의 뜻도 모르는데 저렇게 애절하게 부를 수 있을까 싶어서 깜짝 놀랐어요. 에일리 씨가 노래를 진짜 잘하는 것 같아요.

#감동

 프로그램을 제작하다 보면 안 좋은 에피소드들도 있고 좋은 에피소드들도 있는데 저희 프로그램은 순서를 바꿀 수가 없어요. 가수가 1번부터 5번까지 중에서 공을 뽑으면 나가야 하기 때문인데, 부득이하게 녹화를 다 했는데 물의를 일으켜서 빼야 하는 상황이 있잖아요. 그럴 경우에는 정말 머리가 아픈 거예요. 통째로 빼야 하는데 안 이상하게 만들려고 편집으로 한 땀 한 땀 만들면서 그때 힘들었던 기억이 있어요.

 좋았던 기억은 재작년에 저희가 미국을 간 적이 있거든요. 거기서 진짜 고생을 많이 했는데, 저도 '뮤직뱅크' 월드 투어를 몇 번 갔지만 월드 투어는 K팝 아이돌만 6팀 정도 가는데 '불후의 명곡'은 다양하게 가야 되거든요. 그때 출연진이 패티 김 선생님부터 싸이, 박정현, 이찬원, 김태우, 영탁, 잔나비, 에이티즈까지 아이돌도 있고 밴드도 있었고요. 힘들지만 미국 편을 기획했던 의도는 오래된 프로그램일수록 화제성을 만들어야 하거든요. 그래서 미국에 가려고 한 건데 중간에 우여곡절들이 많았어요. 녹화 들어가기 4시간 전에 세트가 다 지어져서 저희가 리허설도 못 했거든요.

원래는 '메트라이프 스타디움'이라고 미식축구 뉴욕 자이언츠와 뉴욕 제츠의 홈구장인데 여기가 10월에는 너무 춥고 목요일밖에 안 된다고 해서 급하게 '푸르덴셜 스타디움'에서 공연했었죠. 공연 티켓도 특히 '교민들은 티켓을 사지 않는다 프리티켓을 원한다'였고 우리는 '무료 티켓은 배부하지 말자'는 것이었어요. 그러다 보니 거의 80%가 다 외국인이었어요.

K팝을 보고 싶은 외국인들은 패티 김 선생님을 처음 보잖아요. '뭐지 저 할머니는 우리는 K팝 보러 왔는데' 이랬는데 패티김 선생님이 노래를 불렀어요. 이건 방송에도 나갔는데 초반에 "아, 아니야 내가 음을 잘못 잡은 것 같아 다시 할게" 이러시면서 다시 불렀는데 사람들이 다, '패티' '패티' 하면서 굉장히 리스펙을 하는 거예요. 외국에는 리스펙 문화가 있잖아요. 그래서 선생님이 80세 넘은 연세에도 노래를 부르니까 끝나고 나서 모두가 감동을 받았던 게 기억에 남아요.

매력

예능 작가의 매력은 '생물' 같아요. 생선도 숙성한 것도 있고, 탕도 있고, 구이도 있는데 펄떡펄떡 살아있는 생물 같아서 좋아요. 왜냐하면 저희는 일주일 단위로 움직이잖아요. 그리고 변수가 많아서 스트레스일 수도 있는데 그걸 어떻게든 빨리 정리하고 대안을 만든다든지 그런 것들이 재미있거든요. 다시 시작해도 방송작가 장르 중에 예능 작가를 할 거 같아요.

예능 프로그램을 하다 보면 시간이 없어서 연애를 못 하거나 남자를 잃고요. 돈은 번 거 같은데 벌어도 다 나가요. 힘드니까 나 자신을 위해서 자꾸 쓰게 돼요. 저축을 안 하거든요. 내일이 어떻게 될지 모르니까 그냥 오늘만 행복하게 살자 주위인데, 나이가 드니까 노후를 생각해야 할 것 같긴 해요. (웃음)

원래는 쇼 프로만 하고 싶어서 했던 건 아니었어요. 요즘 그래서 리얼리티 프로그램을 한번 해볼까 하는 생각이 있어요. 그렇지만 '불후의 명곡'은 계속하고 싶어요. 왜냐하면 쇼 프로그램이 만드는 재미가 있거든요. 사람을 상대해야 하는 경우가 많다 보니 스트레스도 있어요. 제가 보기보다 폐쇄적이고 낯가림도 심하거든요. 그래서 주말 되면 말하고 싶지가 않은 거예요. 힘드니까 사람도 별로 만나고 싶지 않고요. 그러니까 남자 친구를 못 만나는 거 같아요. (웃음)

나훈아 쇼(Show)

그 당시 KBS 이훈희 본부장님이 저를 불렀어요. "큰 특집을 하나 할 것 같은데 그게 나훈아 쇼야, 작가로 네가 했으면 좋겠다" 하셔서 같이 미팅하러 갔어요. 그때 이 쇼는 액수가 상당히 컸기 때문에 KBS 대형 이벤트 단 단장님이셨던 김호상 단장님과 이훈희 본부장님과 같이했었는데, 선생님을 뵈러 사무실에 갔었죠. 나훈아 선생님은 약간 유니콘 같았거든요. 이름은 알지만, 한 번도 보지 못한 사람, 처음엔 작다는 생각이 안 들었어요. 체구가 좀 작으신데 아우라가 진짜 살아 있는 호랑이를 보는 느낌이었어요.

나훈아 선생님은 본인의 콘서트와 본인의 노래들을 다 본인이 직접 하세요. 작사 작곡 나훈아, 콘서트 기획 나훈아, 그래서 저희 이 쇼도 같이 회의했어요. 일주일에 두세 번씩 만났는데 3~4시간씩 회의를 하시고 선생님이 저희 앞에서 기타를 치시면서 "이런 노래는 어때?" "오프닝은 어떻게 할까?" "여기서 연결되는 건 어떨까?" 이런 것들을 같이 회의했거든요.

예를 들면 처음에 '고향 역'을 부를 때는 '큰 기차가 나오면 어때' 하셨는데 좋은 아이디어였어요. 선생님은 안 해봤던 걸 해보고 싶어 하셨고 저희도 선생님의 뜻을 많이 존중했고요. 왜냐하면 이 쇼는 선생님이 주인공이시니까요. 나훈아 선생님은 굉장히 까다로우시고 꼼꼼하면서 끝까지 밀어붙이는 스타일인데 저는 그런 스타일을 좋아해요.

마지막에 선생님이 노래 끝나고 나서 무대에서 떨어지는 게 있었거든요. 클로징 아이디어를 냈으면 좋겠다고 하시는 거예요. 새로웠으면 좋겠고 아무도 안 해봤으면 좋겠다고 하셔서 레퍼런스를 며칠을 찾았는지 몰라요. 해외 레퍼런스 다 찾고, 무슨 헤비메탈 가수 누군가가 불 속에 뛰어드는 장면을 보고 이렇게 한 번 해보는 건 어떻겠냐, 그랬더니 선생님이 안 해본 거니까 뛰어드는 것도 좋다고 하시는 거예요. 그러면 메시지가 있어야 하니까 물속에 뛰어들어서 '대한민국 어게인'을 하자, 이런 식으로 서로가 아이디어를 내면서 만들어가는 거였죠. 그거 CG 아니었어요. 선생님께서 진짜 잠수하셨어요. 편집할 때도 끝까지 마지막까지 계셨어요. 다 보시고 컨펌하시고요. 또 끝나면 맛있는 거 사주시고 즐거운 작업이었어요. 힘들기도 했지만요.

특히 이때 힘들었던 이유는 저희가 코로나 시기 였어서 객석이 없고 모니터만 있었거든요. 관객이 없이 해 보신적이 한 번도 없으셔서 마지막에 그만두자고 했어요. 그랬는데 선생님이 나는 한 명만 있어도 할 거야. 그래서 선생님이 밀어붙이신 거거든요. 선생님은 콘서트형 가수셨기 때문에 관객들의 기를 받아서 흥이 나서 노래하셔야 하는데, 아무도 없고 모니터에서 노래하시는 걸 본인도 처음 겪으신 거였어요. 준비할 때도 5인 이상 모이면 안 된다는 집합 금지명령 이런 것들이 있어서 힘들었어요.

마지막 쇼(Show)

　사실 마지막으로 하고 싶은 쇼 무대가 없어요. 다 해봤거든요. 아이돌 쇼도 해봤고 어른 쇼도 해봤고 이번에 제가 광복 80주년 KBS 8.15 특집 쇼도 하거든요. 인기 있는 임영웅 쇼도 해봤고요. 사실은 드라마를 준비하고 있어요. 화요일과 주말엔 하루 종일 12시간 앉아서 글 쓰고 있는데, 예능 프로그램에 대한 스트레스를 드라마로 풀어요. 대본 쓸 때 너무 재밌거든요. 일하면서도 긴장을 늦춰 본 적이 없는 것 같아요. 프리랜서니까 마음 편해 본 적이 없어요. 불후의 명곡이 잘 나갈때도 마음이 편한적이 없었죠. '불후의 명곡'이 잘 나갈 때도 마음이 편한 적이 없어요.

　쇼는 화려하지만, 어떤 빛과 그림자가 있냐면 빛은 시청자가 보기에 굉장히 좋아 보이는 게 빛이겠죠. 시청자들이 '너무 좋았어, 나훈아 쇼 너무 잘 봤어, 임영웅 쇼 너무 잘 봤어, 감동이었어' 이런 얘기를 들으면 좋죠. 작년에 '가요 대축제'를 했는데 베이비복스가 나온 게 화제가 됐어요. 그런데 섭외할 때 굉장히 힘들었어요. 사실 HOT부터 SES, 베이비복스까지 다 섭외했는데 그중에서 베이비복스가 극적 타결을 봐서 섭외했는데 그런 거 보면 사람들이 회자가 되잖아요. '베이비복스 너무 좋아어' 댓글도 '수신료의 가치를 올렸다' '구성이 좋았다' 뭐 이런 것들을 보면 그건 기분이 좋으니까 그건 빛, 그림자는 그렇게 하기 위해서 너무 힘들었어요. 그때 제가 하고 싶었던 건 '음악은 연결된다' 느낌으로 짰거든요. 지금 음악이 아닌 옛날 음악, 그래서 지누션, 바다, 베이비복스까지 출연했는데, 무대 세트 회의부터 가수들이 '가요 대축제'다 보니까 아이돌들도 욕심이 있단 말이에요. '이렇게 하고 싶어요' '저렇게 하고 싶어요' 그러면 꾸며줘야 하는데 생방송이기 때문에 연결이 다 돼야 하니까 그것들에 대한 조합들, 이런 거 끼워 맞추는 것들이 굉장히 힘들었어요.

빛이 있으면 그림자도 당연히 있는 것 같아요. 하지만 자부심이 있어요. 많은 사람들이 제 프로를 봤다는 자부심이죠.

가장 컸던 게 '나훈아 쇼'였던 것 같아요. 사실 '나훈아 쇼'로 인해서 많이 성장했어요. 선생님께 배운 것도 많고요. 선생님이 구성적인 거나 쇼적인 걸 많이 알려 주셨어요. '불후의 명곡'도 하는데 '나훈아 쇼'까지 했다는 자부심도 있고, 그걸로 '한국방송 작가상'도 받았고요.

제가 상복은 많은 것 같아요. 별로 한 건 없는데 큰 상들을 많이 받았거든요. 가장 기억에 남는 상이 펭수에게 받은 상이었어요. 한국 PD 대상에서 작가상을 받았는데 펭수가 온 거예요. 펭수를 처음 봤거든요. 저는 연예인을 봐도 가슴이 두근거리지 않는데 펭수는 너무 좋았어요.

그리고 쇼 프로그램은 여한 없이 한 것 같아요. 애정도 많고요. 그중에 '불후의 명곡'이 첫 번째죠. 그리고 '나훈아 쇼' 마지막으로 '임영웅 쇼'와 'god 쇼'인데 특히 '임영웅 쇼'는 제가 할 수 있는 모든 걸 다 했어요. 헬리콥터 타고 내려와서 올라가고 누드 LED도 했거든요. 'god 쇼'는 우리 세대의 추억과 노래의 힘이 있다는 게 좋았고요. 여한은 없어요. 아쉬움도 없고요.

콤플렉스(Complex)

쇼 작가는 레퍼런스를 많이 봐야 하고 해외 영상들, 국내 영상들 많이 봐야 해요. '이번에 조용필 쇼 LED가 너무 멋있었어' 이런 거 많거든요. '이번엔 누구 콘서트 갔는데 장난 아니야' 그러면 다 찍어 와서 보면서 뭐가 좋은지 다 알아야 하고요. 그래서 한번 우리도 해볼까 이런 식의 호기심이 많아야 하고, 에너지가 많아야 하고, 그리고 뭐랄까 너무 틀에 박힌 얘기기는 한데 저는 제가 여기까지 이렇게 왔던 가장 큰 건 '콤플렉스'였던 것 같아요.

저에게 아직도 부족한 게 보여요. 내가 좀 부족하다고 생각하니까 늘 긴장하고, 늘 보게 되고, 작가들하고 얘기하게 되면 대화가 어린 작가들보다 제가 요즘 트렌드에 대해선 좀 늦을 거 같지만, 아니에요. 전 그게 싫거든요. 상대방보다 먼저 알아야 하고 트렌드를 빨리 캐치해야 하고요.

예를 들면 숏폼이 유행이잖아요. 숏츠 드라마를 한 10개

구독했어요. '이게 뭐길래 이렇게 트렌드냐' 긴장을 늦춰 본 적이 없었던 것 같아요. 겸손이 아니라 진짜 밀리면 안 되지 이런 생각이 들어요. 그래서 늘 긴장하면서 자신의 콤플렉스를 힘으로 생각하고 하면 좋지 않을까 싶어요. 누구든 쇼 작가를 꿈꾸는 젊은이가 있다면 이 말은 꼭 해주고 싶어요. 콤플렉스는 힘!!!

불후의 명곡 KBS │ 김지은 작가

SBS 이숙영의 러브FM
작가 송정연

이숙영의 러브 FM SBS
송정연 작가

프로그램
- KBS　　이숙영의 FM 대행진
- KBS　　유열의 음악앨범
- SBS　　이숙영의 러브 FM

수상 내역
- 2010년 - SBS 연예대상 방송 작가상
- 2014년 - 한국방송 작가협회 라디오 부문 작가상
  (이숙영의 러브 FM)

저서

소설
- 그래, 가끔 하늘을 보자
- 열일곱 살의 쿠데타

에세이
- 따뜻한 말 한마디
- 당신이 좋아진 날
- 소녀를 위로해 줘
- 설렘의 습관
- 엄마 우리 힘들 때 시 읽어요.
- 첫 사회생활을 시작하는 너에게
- 잘나가는 언니의 한마디

만남

대학교에서 국문학을 전공했고 제주도에서 태어나서 19살까지 살았어요. 20살에 서울에 올라왔고 교지 편집실에서 기자로 활동을 했었는데 마침, 라디오 PD 인터뷰를 하게 됐어요. 매일 아침 9시부터 11시까지 '김세원의 영화음악실'을 하는 PD를 인터뷰하고 기사를 썼는데, 인터뷰 기사가 마음에 든다면서 같이 방송 일을 해보자고 연락이 왔어요. 그렇게 그 PD랑 일하러 갔더니 그 프로그램에 잠시 대타로 이숙영 씨가 와 있었고, 운명적으로 이숙영 씨와 저는 만나게 되었어요. 저는 사이드 잡처럼 방송국에서 일을 하기 시작했고 이숙영 씨는 한 달만 대타로 와서 DJ를 하게 된 거죠.

사실 원고를 써 주기만 하고 방송국에는 가지 않았는데 어느 날 이숙영 씨가 저를 만나고 싶다고 연락이 왔어요. 제 원고가 마음에 들었다면서 프로그램을 함께하고 싶다고 했고 '이숙영의 FM 대행진'을 하게 되면서 저도 작가로 합류하게 됐죠. 그때부터 계속 같이 일을 했어요.

이숙영 씨는 사람들한테 다 잘하지만, 특히 저에게 잘했어요. 이숙영 씨도 글을 잘 쓰는데 본인은 작가만 있으면 뭐든 할 수 있다고 말할 정도로 굉장히 작가를 중요시하는 DJ예요. 그래서 저도 모든 걸 그만두고 라디오에 완전히 올인을 하게 됐죠. 중간에 남편이 독일로 논문 쓰러 가면서 저도 독일로 가서 한 3년 살았는데, 그때 잠시 헤어졌다가 독일에 갔다 와서 프로그램에 다시 합류했어요. 그 정도로 이숙영 씨가 의리가 있어요. 그런 면에서 감동을 받아서 더 일을 계속할 수 있었던 것 같아요.

사실 중간 중간에 유혹이 많았고, 제 동생은 드라마 작가다 보니 '드라마로 가야 하는 거 아니야'라는 생각도 들었는데 라디오를 매일 하는 이유는 워낙 라디오를 좋아했기 때문이에요. 라디오 방송을 하다 보면 보이진 않지만, 청취자와 매일 만나게 되니까 절친이 돼요. 단골 청취자들도 많아졌고요. 이렇게 청취자들과 매일 만나고 소통하는 게 라디오만의 매력이기도 합니다.

#팬클럽

'애정당'이라고 팬클럽이 결성됐는데, 이숙영 씨가 너무 사랑 타령을 많이 해서 애정당 당수로 불렸고, 청취자들을 애정당 당원으로 불렀어요. 애정당에는 열두 제자도 있거든요. 광주지부 이런 식으로 각각의 지부도 있고 팬 밴드를 제가 관리하는데 팬들만 지금 만 천 명이에요. 가끔 만나기도 하고 그래서인지 친구보다 오히려 엄청 가깝게 느껴져요. TV와는 달리 라디오는 청취자와 실시간 교감이라는 게 무척 큰 매력이죠. 그리고 저는 녹음할 때 들어가는 유일한 작가거든요. 녹음할 때는 이숙영 씨가 방송으로 아무것도 못 해주잖아요. 그때 제가 게시판에 들어가서 얘기도 해주고 노래도 설명해 주고, 문자창에선 인생 상담 같은 것도 해주다 보니 팬클럽 회원들이 친구 같고 후배 같아요.

라디오 방송을 하면서 진짜 세월이 많이 흘러서 나이도 이렇게 먹었어요. 그래도 좋은 건 이숙영 씨도 저도 계속 새로운

곡을 듣다 보니까 업그레이드가 되는 거 같아요. 요즘 트렌드나 요즘 노래도 아는 사람이 된 거죠. 그건 라디오 작가의 좋은 점 같아요. 이숙영 씨와 라디오를 오래 하다 보니 다른 유혹도 있고, 같이 하자는 PD들도 있고, 원고료를 더 주겠다는 프로그램도 있었지만 제가 실수해도 방송에서 자기가 실수한 것처럼 얘기하고 그런 것들이 감동을 줘요. 실수한 거에 대해서 뭐라고 한 적 없고 그럴 때 감싸주는 사람은 못 잊죠.

제가 이숙영 씨를 못 떠나는 것 중 제일 큰 이유는 KBS에서 SBS로 넘어올 때 제가 스카우트된 건 아니었거든요. 이숙영 씨가 스카우트된 건데, '송정연 작가와 같이 안 하면 안 하겠다' 이렇게 말을 했다고 들었어요. 그렇게 시작된 인연이 지금까지 이어지고 있는 거예요. 대학교 마치고 잡지사에서 일하면서 KBS2 라디오에서 새벽 5시에 하는 프로그램을 했는데 거기서 이숙영 씨를 처음 만났잖아요. 그다음에 '이숙영의 FM 대행진'을 하다가 제가 청주에 가게 돼서 '유열의 음악 앨범'을 하게 됐죠. '이숙영의 FM 대행진'은 현장에서 뉴스까지 써줘야 해서 제가 현장에 꼭 나가야 하는데 이 프로그램은 원고만 보내도 되기 때문에 청주에 살면서도 일하는 게 가능했어요.

그때는 '유열의 음악 앨범'이랑 MBC 라디오랑 두 개를 했고, 그다음에 이숙영 씨가 다시 SBS로 오면서 같이 하자고 해서 그때부터 SBS '이숙영의 파워 FM'을 19년째 하고 있어요. '이숙영의 파워 FM'을 19년하고, 같은 SBS인데 러브FM으로 옮겨서 2013년부터 하고 12년째 하고 있어요. 1996년도에 SBS에 와서 지금까지 라디오하고 있는 거예요. 지금도 '이숙영의 러브FM' 작가입니다.

#매혹, 끌림

매일매일 단 하루도 안 빠지고 해야 하는 게 라디오거든요. 그래서 다람쥐 쳇바퀴 돌리는 게 엄청 재밌어야 해요. 제가 생각할 때는 다행히 그날그날 날씨도 바뀌고, 계절도 바뀌고, 뉴스도 바뀌어서 뭔가 다양한 이야깃거리가 생겨요. 라디오 작가를 하다 보니까 감수성이 개발됐는지 아니면 원래 타고 난건지 모르겠는데, 항상 반복되는 것들이 새롭게 느껴지는 게 있어요. 라디오 작가의 매력은 자기가 일상에서 겪는 것을 다 원고화 할 수 있다는 거거든요. 그 어떤 것도요. 누가 나를 열받게 하면 그것도 원고화 할 수도 있고, 자연이 바뀌는 것도 원고화 할 수 있고, 봄바람이 정말 연인같이 너무 살랑거리면서 불면 그걸 오프닝에 쓰는 거죠.

제가 어릴 때부터 만화 컷 같은 거 그려서 신문에 나오고 그랬는데, 어릴 때 여동생은 긴 산문을 쓰다 보니 드라마 쓰고 있는 거 같고요. 이숙영 씨가 짧게 하는 게 강점인데 다행히 제가 짧게 뭔가를 쓰는 걸 잘해서 그런 부분이 잘 맞는 거 같아요. 그리고 라디오 방송을 하면서 가장 큰 매력은 바로 즉흥적으로 대답해 주는 청취자들이 있다는 거예요. 그런 이유 때문에 아침에 방송하러 가는 길이 정말 '룰루랄라' 하게 돼요. 누구 만나러 가는 느낌이고요. 이것도 라디오의 매력이에요. TV는 나중에 리뷰 달리고 이러는데, 라디오는 내가 쓴 원고를 DJ가 읽고 바로 청취자들의 반응으로 다 오는 거예요.

또 하나는 매달 직장인 월급처럼 원고료가 나오는 거요. 매달 월급처럼 고정적으로 나오니까 굉장히 안정적이거든요. 안정적으로 돈이 나온다는 건 굉장히 중요한 것 같더라고요. 반면 라디오 작가로서 아쉬운 것도 있는데 대부분의 라디오 작가는 너무 원고료가 작아요. 세월이 가도 고정적으로 오르지 않아요. 세월이 가도 왜 이렇게 안 올라 있지 그런 느낌이 있어요. 그게 아쉽지만 어쨌든 욕심 안 부리면 안정적인 보수가 매달 나오는 게 큰 매력인 것 같아요.

라디오는 매일매일 꾸준히 하는 거잖아요. 아침에 눈 뜨고 매일매일 하는 게 즐겁지 않으면 라디오 작가로서 자질이 없는 거 같아요. 매일매일 하다 보니 성실함에서도 라디오 작가를 따라올 사람은 없죠. 라디오는 그런 매력과 끌림이 있어요.

이숙영의 러브FM

라디오에서 중요한 게 어떤 층이 듣는가, 누가 듣는가, 이런 걸 많이 생각하거든요. 이숙영 씨 라디오 팬층이 40~60대인데 다행히 지금 라디오 채널이 젊은 층보다는 나이 든 사람들이 많이 듣는 채널이어서, 노래도 약간 추억의 가요나 사연 그런 걸 받아서 들려주기도 하고요. 9시부터 11시까지다 보니 집에서 아이들 보내고 남편도 나가고 자영업 하든지 아니면 혼자 차 마시면서 듣는대요. 우리끼리 가슴을 울리는 음악들, 전율시키는 음악들, 그걸 틀어주자 해서 노래 선곡을 PD가 거의 다 하지만 저희도 같이 고르거든요. 코너 중에 '썬디의 대나무 숲'이라는 코너가 있어요. 어떤 이야기든 속 시원히 이야기를 털어놓을 수 있는 코너인데, 이숙영 씨한테 털어놓으면 다 들어줄 거 같데요. 그런 느낌으로 사연 같은 것도 많이 받아서 소개하고 있어요.

DJ 이숙영 그리고
그녀 이숙영

이숙영 씨 목소리는 그 안에 밝음과 농염함이 농축돼 있어요. 제 원고를 진짜 1,000% 살려줘요. 그리고 이숙영 씨는 아버지와 어머니가 같은 의사셨는데, 어머니는 너무 성실한 분이셨데요. 이 두 분 성격이 완전 극과 극인데 이숙영 씨가 이런 극과 극의 성격을 다 갖고 있어요. 그래서 그 안에 영혼이 아버지 닮은 게 있고 어머니의 성실함이 있는 거 같아요. 우선 방송 때 한 번도 늦어본 적이 없어요. 그리고 그 밝음 때문에 청취자들이 기운이 난데요. 그 목소리가 귀에 박힌대요. 발음과 유혹적인 목소리에도 매력을 느낀다는 청취자분들도 많아요. 그게 이숙영 씨의 매력인 것 같아요. 작가와 DJ가 30년 이렇게 같이 하는 케이스가 없는 것 같아요.

이숙영 씨랑 오래 프로그램을 하니까 뭔가 서로 비슷한 점이 많을 거로 생각하는데 사실 이숙영 씨와 저는 달라도 너무 달라요. 저는 아침에 나갈 때 화장 3분이면 오케이인데, 이숙영 씨는 반짝이를 뿌리지 않거나 화려하게 입지 않으면 화가 난대요. 매일 파티장에 가는 것처럼 입고 방송하러 나와요. (웃음) 이숙영 씨는 무리해서 항상 휴가를 받고 해외에 가요. 저는 무조건 이해해요. 저는 여행도 좋아하지만 기분 좋은 순간이 컴퓨터 앞에서 글 쓰는 순간이거든요. 그리고 뜨거운 여름날 물렁거리는 아스팔트를 하이힐 신고 뛰어다니는 거 너무 좋아하고요. 둘이 많이 다른 것 같지만 방송 철학이나 인생의 가치에 대해서 반응하는 농도가 비슷하고 방송인의 온기에 대한 감성도 비슷하죠. 그러다 보니까 이렇게 오래도록 함께 하고 있는 거 같아요.

#애정당

특별한 팬들이 많죠, 그래서 만들어진 게 팬 밴드고요. '이숙영의 러브FM' 팬 밴드 가입자 수가 만천 명이 넘거든요. 팬 밴드에는 오늘의 게스트, 영상, 이런 것도 올리고 이숙영 씨 그날그날 패션들, 또 프로그램 행사하는 거나 이벤트 하는 거, 팬 들은 운동하는 거나 요리하는 사진들도 올리고요. 팬 밴드 사람들은 정모 같은 것도 하고 콘서트도 했었어요. 팬 밴드 말고 또 애정당이 있는데 애정당은 오래전부터 지금까지 계속돼 온 사람들 이어서 이젠 거의 가족 같아요.

카톡방으로 운영되고 있는데 애정당은 이숙영의 원조 팬클럽이라고 보시면 돼요. 청취자분들을 만나거나 이야기하는 게 반갑고 또 고맙기도 하고 재밌더라고요. 제가 접하지 못한 세계를 많이 접할 수 있고요. 같이 뭔가 얘기할 수 있다는 거, 그런 면에서 밴드나 애정당 이런 것들이 저한테 생활의 활력을 높여주는 거 같아요.

#아가미

라디오 작가만의 아가미가 있어요. 숨을 쉴 수 있는 아가미가 조금 달라요. 저는 나만의 도서관이라는 저 혼자만 하는 온라인 카페가 있어요. 거기에 국립도서관만큼 항목이 엄청 많아요. 스포츠, 북한 문제, 정치 문제, 영화 등등 모든 걸 다 항목을 해놓고 영화 그러면 영화 제목, 대사, 영화에 나오는 음악들 그런 것까지 다 해놓으니까 자료가 돼서 저는 외국 나가서도 원고를 쓸 수 있어요.

요즘은 원고를 노트북에 저장해 두지만, 예전엔 다 손으로 직접 썼잖아요. 써둔 원고가 10박스가 넘는데, 막내 작가가 원고를 사무실에 잘 보관해 둔다고 해서 그런 줄 알았는데 나중에 그만두면서 내 원고를 찾아가려 하니 없어졌다는 거예요. 그땐 할 수 없다고 생각하고 말았는데 나중에 그 작가가 문제가 됐었어요. 이렇게 원고를 몰래 가져가서 마치 자기가 쓴 원고처럼 방송하다 그게 걸려서 작가협회 쪽에도 알려지게 되고 그런 사건이 있었죠. 가끔 잃어버린 원고가 그립기도 해요. 컴퓨터로 일하면서부터는 노트북에 원고가 있어요. 지금도 라디오 작가만의 아가미로 숨을 쉬면서 원고를 씁니다.

#참여, 소통

'내 안의 그대'는 청취자 러브 스토리예요. 청소년들도 듣는 러브 스토리인데, 사연이 오면 그 사연에 대사를 붙여서 제가 아침 드라마처럼 써요. '내 안의 그대'는 프로그램 코너 중에서도 제일 인기가 많은 코너인데 이것 때문에 우리가 버틴다고 할 정도로 사연도 많이 오고 아침 드라마보다 더 진하거든요. 얼마 전에는 손녀가 보낸 사연인데 101살 할머니가 주인공이에요. 예전에 할아버지를 만나서 공주처럼 사시다가 할아버지가 몇 년 전에 돌아가시고 지금 노인학교에서 5살 연하 할아버지랑 연애하는 스토리인데 그걸 손녀가 보냈어요. 그 할머니가 저승에 있는 할아버지한테 "나 질투 나면 좀 빨리 데려가" 이런 대사로 끝이 났거든요. 약간 울렸다가 웃겼다가 그런 스토리가 많아요. 매일 쓰는 원고 중에 제일 시간을 들이면서 쓰고 있어요.

방송하다 보면 에피소드도 많이 생기는데 생방송 때 노래

하는 코너가 있었어요. 요즘은 안 하는데 너무 완벽한 음치여서 그냥 주저앉은 적이 있었어요. 열심히 소리치고 부르는데, 중간에 끊지도 못하고 엔지니어도 웃고 다 막 난리가 났는데, 이숙영 씨는 웃다가도 끝나니 너무 잘하신다고 하더라고요.

기억에 남는 게 '고마운 사람한테 마음을 전해보세요' 멘트와 함께 전화를 받는 코너가 있었는데 젊은 엄마와 전화가 연결됐어요. 그러면서 지금 내 옆에 앉아 있는 내 꼬마 아가씨한테 너무 감사하다고 전하고 싶다고 하더라고요. 다섯 살 딸이 긴 이혼 과정을 옆에서 겪어줬대요. 이제 다 끝났다고 하면서 '정말 고마워' 그러면서 '앞으로는 행복한 나날이 계속될 거야' 하는데 그렇게 눈물이 나더라고요. 그게 오래 남아있어요. 라디오는 청취자분들과 매일 만나다 보니 친한 후배 같고 그런 느낌이어서 좋은 거 같아요.

오늘의 오프닝

대부분 메인 작가는 오프닝만 쓰는 경우도 많아요. 그 정도로 오프닝은 너무 중요하거든요. 오늘 끝나면 바로 내일 거 써야 하는데 그래서 오프닝만 두세 줄 정해놓으면 행복한 거예요. 그런데 생각이 안 날 때도 많거든요. 저는 365일 중의 300일은 생각이 안 나요. (웃음) 생각이 안 나서 스트레스 받고 그럴 땐, '내일 아침에 눈 뜨면 될 거야' 이런 생각을 하고 자요. 생각이 안 날 때는 대부분은 뭔가 계속 본다든지 뉴스 보다가 찾기도 하고 책에서도 찾아요.

거기서 힌트를 얻고 응용하면서 하고 대형서점에 가서 책 제목을 보고 아이디어를 얻기도 하고요. 책에서 오프닝을 쓰게 하는 어떤 감이 딱 '나'를 건드리는 거죠. SNS를 돌아다니면서 아이디어를 얻기도 하는데 그만큼 오프닝 멘트가 중요해요.

관점, 관계, 관절

라디오 방송을 하면서 잠깐 MBC 교양국에서 '인간 시대'를 한 편 했는데 그걸 하면서 생각했던 게 '난 여기 있을 자리가 아니구나'였어요. 왜냐하면 저는 좀 가볍게 살랑거리고 방송 끝나면 털고 이런 걸 좋아하는데 거기는 집중해야 하더라고요. 제가 거의 한 달을 집중했는데 방송을 딱 털고 나서도 그 사람들을 계속 생각하고 있더라고요. 그게 연인, 그런 감정이 아니고 사람의 정이 들어서 너무 힘든 거예요. 그런 걸 몰두해서 하는 작가들은 좋겠지만 저는 이걸 억만금을 줘도 못하겠다는 생각이 들더라고요.

라디오는 끝나고 나면 사생활을 할 수 있거든요. 극장을 가고 카페에서 책 읽고 방송 끝나고 나한테 주어진 시간, 그런 것들이 큰 기쁨이고 행복인 거 같아요. 그러고 보니 저는 진짜 좋아하는 카페 스멜 그런 것도 있어요. 백화점 스멜도 좋아하는데 백화점 스멜을 왜 좋아하냐면, 백화점에 뭘 사러 가는 게 아니라 오전 시간에 그 색깔, 색감이 주는 거, 백화점의 깨끗한 청결한 느낌 있잖아요. 청결한 느낌에서 오는 향기, 그 느낌을 너무 좋아해요. 라디오 작가는 감수성과 성실이 같이 있어야 해요. '성실' 이 두 글자가 예전에는 너무 고리타분한 말이라고 생각했는데, 성실이 제일 중요한 거 같아요.

그다음에 첫째 관점, 둘째 관계, 셋째 관절 이런 게 필요하다고 이야기하는데, 이게 뭐냐면 라디오 작가들은 뛰어다녀야 해요. 그래서 관절이 좋아야 하고, 출연자든 같이 일하는 사람들과의 관계나 관점도 중요하고요.

실력, 매력, 체력

저는 프리랜서가 정말 맞아요. 프리랜서가 너무 좋고 시간도 자유롭고 다 좋은데 명절 때 되면 PD들은 보너스도 나오는데 저희는 그런 게 없잖아요. 퇴직금도 없을 것이고 그런 것들이 너무 서러울 때가 있어요. 그래서 작가협회에서 나오는 쌀이 얼마나 소중한지 몰라요. 그 쌀 포대를 안고 울고 싶었어요. '너만이 나를 위로해 주는구나!' 하고요. (웃음)

그런 것과 맞바꿀 정도로 저는 프리랜서가 좋아요. 그리고 프리랜서를 잘하려면 이 세 가지가 필요해요. 그게 실력과 매력과 체력이에요. 프리랜서를 오랫동안 잘하려면 실력을 키워야 하고요, 그 나름의 자기의 매력이 있어야 서로 관계도 좋아요. 그다음에 체력도 정말 중요하잖아요. 그래서 이 세 가지는 키워야 프리랜서로 즐겁게 잘할 수 있지 않을까 싶어요.

옳은 프로그램

청취율이 높은 게 좋은 프로그램이라기 보다는요, '옳은 프로그램이다'라는 생각이 들어요. TV는 잘 모르겠지만 라디오는 많은 사람들을 위로해 주는 프로그램이거든요. 청취율이 높다는 건 많은 사람들이 찾아오고, 많은 사람들이 듣고, 많은 사람들이 위로를 받는 거라고 생각해요. 그래서 청취율이 높은 프로그램은 저는 부럽고 옳다고 봐요. 청취율이 낮은 프로가 나쁘고 옳지 않은 프로그램은 아니에요. 청취자들을 많이 이끌 수 있다는 건 그만큼 청취자들의 마음에 드는 무언가 위로 포인트가 있다는 거거든요. 그런 점을 높이 사고 싶어요.

'컬투 쇼'가 제가 생각할 땐 좋은 프로그램에요. 계속 어떻게 하면 사람들이 많이 듣게 하고 웃음을 주고 그다음에 그 사연 속에서 어떻게 포인트를 잡아가고 웃길 수 있는가를 노력하는 프로그램이에요. 제가 '컬투 쇼'에 같이 참여해 보진 않았지만, 스타들 섭외 같은 것도 TV만큼 몰려들고 있고, 그리고 다른 방송들은 전부 노래만 나가는데 공개방송은 '컬투 쇼'가 대표적인 거 같더라고요. 청취자들과 함께 소통하는 프로그램이라서 '컬투 쇼'를 높게 평가해요.

#라디오 족속

라디오 족속들이 있거든요. 라디오 족속들은 빨리 변하는 프로그램 이런 것 속에서 라디오라는 곳에 와서 위로받고 통하는 사람들 만나고 하거든요. 이 사람들은 남의 흉도 안 보고 내가 부족하다고 뭐라고도 안 하고 반겨줘요. 그리고 누구 엄마 아빠가 아닌 이름을 불러주다 보니까 TV와는 다르게, 내가 주인공이고 내 존재감을 라디오에 와서 느끼는 거 같아요. 지금은 숫자적으로는 다른 매체에 밀리긴 하지만 한참 동안은 유지될 거로 생각해요. 카카오 이런 데서도 라디오 만들려고 하고 있는 거 보면 100년 후에는 모르겠지만 꾸준히 사랑받고 있을 거 같아요. 라디오 족속은 멸망하지 않을 거예요.

설레임 지수

프리랜서가 정년이 없는 매력적인 직업이기도 하잖아요. 그런데 지금도 저는 아이템 같은 게 막 솟구치거든요. 예를 들면 지금 봄이면 여름 아이템 생각하고 여름에 무슨 특집을 할 것인지를 생각하는데, 그런 아이템이 계속 솟구치는 게 안 되거나 원고 쓸 때 뭔가 신나지 않거나 설레임이 없으면 그만둬야 한다고 생각해요. 설레임이 떨어지고 없으면 저는 그만할 것 같거든요.

점점 PD도 나이가 어려지고 같이 일하는 막내 작가의 틈새는 멀어지고 그러긴 한데 설레임의 지수가 딱 떨어지면 '그만할래요'라고 할 것 같아요. 억지로 하는 건 정말 못 견뎌 하거든요. 원고 쓰는 데 거기에 내 손에 음률이 실리지 않으면, '설레임'이나 '떨림' 그 느낌이 없으면 저는 안 쓸 것 같아요.

라디오 작가를
꿈꾸는 세대에게

　영화를 보면 영화를 보고 와서 그거에 대한 내가 느낀 감정들을 적어 두는 게 좋아요, 남의 걸 보거나 읽다가 끝나는 게 아니라 그 내용을, 자료를 토대로 글을 써야 한다고 생각해요. 오늘 대사는 뭐가 좋았고 그런 거를 항상 저장해 두는 거 있잖아요. 메모하는 거, 기록해 두는 걸 굉장히 강조하거든요. 항상 뭔가 적어두고 일기 같은 거라도 꼭 적어두라고 많이 얘기합니다. 그다음에 SNS를 꼭 하라고 해요. SNS를 해야 기록으로 남아요. 라디오 작가 뽑을 때도 그게 그 사람의 가치가 되고 점수가 돼요. SNS로 다른 사람과의 소통을 잘한다고 생각하거든요. 글 쓰는 데도 도움이 많이 되고 자료가 되는 거 같아요. 라디오 작가를 꿈꾼다면 모든 걸 다 기록하고 SNS를 잘 활용한다면 훨씬 도움이 될 테니 그걸 추천하고 싶어요.

라디오란?

 위로받는 감성 동호회거든요. 위로받는 일상의 절친, 라디오 청취자분들이 제 방송을 듣고 자존감이 높아진다는 걸 느껴진다는 청취자들이 많거든요. '썬디의 대나무숲' 이런 코너를 통해 누구에게나 비밀이 있고 털어놓고 싶은 것이 있는데 라디오는 막 털어놔도 되고 가명으로 이야기해주죠. 그래서 라디오에 쏟아내고 위로도 받고 그러니까요.

 많이 가진 사람보다는 덜 가진 사람, 충만한 사람보다는 허한 사람 있잖아요. 그런 사람들이 라디오에 와서 더 위로받는 게 사실 맞아요. 그래서 라디오는 '위로받는 대나무숲'이라고 해도 될 것 같아요.

나는 늘 다음 생이 내일보다 먼저 올 수 있다는
티벳 속담을 염두에 두고 불꽃 같은 삶을 살고 있다.

《잘 나가는 언니의 한마디》 이숙영 / 송정연 작가

싱글벙글쇼?
내 인생의 반쪽

 김성

강석, 김혜영의 싱글벙글 쇼 MBC
김성 작가

프로그램

MBC	유열의 FM 모닝쇼
MBC	FM은 내 친구
SBS	홍서범, 방은희의 홍방불패
SBS	박일, 정재윤의 신나는 오후 2시
SBS	이성미, 지석진의 라디오 데이트
SBS	김흥국, 박미선의 특급 쇼
MBC	강석, 김혜영의 싱글벙글 쇼
KBS	김혜영과 함께

수상 내역

1996년 - 휴스턴 필름 페스티벌 브론즈상 수상
2006년 - MBC 연예대상 TV 예능 부문 작가상
2007년 - MBC 연기대상 라디오 부문 작가상
2012년 - 한국방송 작가협회 라디오 부문 작가상
        (강석, 김혜영의 싱글벙글 쇼)

about 라디오 작가

그날의 온도, 습도, 풍향, 풍량, 감정의 변화를 잘 읽는 섬세한 사람들이죠. 라디오 작가는 세상의 기류가 어떻게 되는지 공기와 온도와 습도와 바람과 이런 거를 늘 챙겨야 해요. 매일 원고를 쓰다 보니까 어디 해외여행을 못 가요. 제주도도 못 가거든요. 예전에 라디오 작가 한 분이 제주도 여행 갔다가 바람 때문에 비행기가 안 떠서 돌아오지 못하고 며칠 걸린 경우가 있거든요. 우린 그러면 안 돼요.

라디오 작가들은 방송국에 출근을 매일 하다 보니 출연자들과 굉장히 친해져요. 서로 고민도 얘기하고 시시콜콜한 얘기도 나누다 보니 친하게 지내게 되죠. 라디오 작가들은 민감하고 예민하고 섬세한 사람들이에요. 그만큼 우리가 사는 세상의 지금을 가장 정확히 알아야 해요. 마지막으로 어제와 오늘이 분명히 다른 것을 삼십 개 정도 꼽을 수 있는 지혜로운 사람! 대충 그런 사람이 라디오 작가 같아요.

라디오 키즈

어렸을 때 한 4살 5살 때부터 라디오를 들었어요. 이발소 의자에 걸쳐놓은 빨래판에 앉아 머리를 깎던 시절부터 고무줄로 배터리를 칭칭 감아둔 트랜지스터라디오를 들었죠. 그때는 라디오가 신기한 물건인데 정말 별걸 다 했어요. 고교 야구 중계를 하는데 정말 실감이 나더라고요. 나중에는 TV로도 했지만, 라디오로 했을 때가 훨씬 실감이 나는 게, 안 보인다는 것 때문에 아나운서가 설명을 열심히 하거든요. 그러면 사람들은 자기가 생각하는 가장 근사한 그림을 생각해요. 상상하는 거죠. 라디오 드라마도 마찬가지고요. 그다음에 만리포였나? 학교도 들어가기 전 가족여행에서 저 해변 멀리 누군가 틀어놓은 라디오에서 어니언스의 '작은 새'가 흘러나오는 걸 들으면서 주르르 눈물도 흘려봤죠. '고요한 밤하늘에 작은 구름 하나가 바람결에 흐르다 머무는 그곳에는, 길 잃은 새 한 마리 집을 찾는다' 이 노래가 나오는데 너무 슬프더라고요. 한

마디로 슬프다기보다 그 밤바다를 바라보는 걸 상상하면서 라디오가 너무 좋다고 느꼈어요.

중학생 시절 사춘기에 접어들면서부터는 본격적으로 듣기 시작했어요. 밤에 이불 뒤 집어쓰고 서세원의 '별이 빛나는 밤에'에 전화 연결을 해서 히히덕 대기도 했는데, 중학교 때 팬으로 듣다가 나중에 라디오 작가가 되고 나서 서세원 씨랑 'FM은 내 친구'라는 프로그램을 하기도 했어요. 고1 때는 KBS 2라디오 '가위바위보' 라디오 생방송에 출연해 퀴즈도 맞춰봤고, 재수하면서는 아무도 없는 고독한 독서실에서 누군가 켜두고 간 라디오를 들으며 마음을 다잡기도 했어요.

#라디오의 시대

제가 기억하는 최고의 전성기는 90년대였어요. 그때 마침 가요 콘텐츠들이 나오기 시작했고 가요계의 전성기가 열리기 시작하는 데 그 역할을 FM이 한 거죠. 음질이 좋은 FM 채널들이 등장하면서 가요, 발라드, 댄스 등 완전히 춘추 전국 시대가 열렸어요. 덕분에 가요계가 크게 발전했고 라디오도 최전성기를 누렸죠.

그런데 라디오는 늘 전성기였어요. 처음 등장했을 때도, 2차대전의 포화 속에서도, 고교야구 전성기 때도 라디오방송이 사랑받았죠. 한 채널에서 라디오 드라마를 일곱 개씩 할 때도 라디오는 최고였어요. 라디오를 필요로 하는 곳에서는 늘 전성기를 누렸어요.

#라디오 스타

사람들은 라디오를 들으면서 자기만의 그 모든 걸 시각화해요. 청각 콘텐츠이기 때문에 얼굴을 모르는 사람이 나오는 경우 목소리에 따라 자기가 생각하는 얼굴을 상상하게 되죠. 장점인 것 같아요. 라디오에서 나오는 노래를 들으면서 자기가 행복했던 시절을 생각하고 라디오 드라마를 들으면서는 각자가 생각하는 다 다른 제일 예쁘게 생각하는 여주인공이 나오고, 남자 주인공 역시 자기가 생각하는 가장 멋있는 사람이 나오죠. 노래를 들으면서도 그렇고요.

아무튼 자기가 생각하는 가장 좋았던 때, 아름다운 순간을 생각해요. 특히 라디오는 외로운 사람에게 좋은 친구 같아요. 라디오에선 모두가 스타가 돼요.

라디오 DJ

DJ가 하는 말은 거의 다 작가의 원고라고 보시면 돼요. 그리고 정말 좋은 DJ는 작가가 있다는 걸 드러내요. 김미숙 씨가 그래요. 종이 소리를 낸다든지, "잠깐만요 원고 좀 볼게요"라든지 그러면서 작가가 써 준 원고를 읽고 있다는 걸 청취자에게 알려주죠. 특정 DJ가 특정 작가의 원고만 고집하는 경우가 있는데 그건 호흡을 오래 맞춰서 원고를 받으면 표시하지 않았지만, 숨 쉬는 자리까지 정확히 일치하죠.

오프닝 멘트를 비롯해 청취자 사연에 대한 피드백까지 모두 다 원고가 필요해요. DJ와 작가가 한 몸이 되는 곳이 라디오죠.

오프닝 멘트

저 같은 경우는 후배들한테 어드바이스해 줄 때도 '절대 타인과 똑같은 오프닝 원고를 쓰지 마라'고 해요. 그냥 '무에서 생각해라, 라디오는 그래야 한다' 그러거든요. '싱글벙글 쇼' 같은 경우에는 시작할 때 "여러분, 싱그르르르르 벙그르르르 쇼!"하고 막 오두방정을 떨어야 해요. 그런데 대구 지하철 참사가 전날 일어났는데 다음 날 방송에서 도저히 그걸 못 하겠더라고요. 그런 날은 빼버리고 "오늘은 안녕하시냐고 묻지도 못하겠습니다" 이렇게 시작했죠. 오프닝을 어떻게 하면 다른 사람과 다르게 쓸지 늘 연구해야 해요. 오프닝으로 성공한 프로그램은 '배철수의 음악 캠프'인데 음악이 딱 들어가는 타이밍이 있어요. 그런데 요즘은 좀 다르게 한답시고 무 오프닝 프로그램이 있더라고요. 라디오에 오프닝이 없다는 건 아직은 좀 이상한 거 같아요. 진하지 않은 커피를 마시는 것 같다고나 할까요, 맹물 같은 느낌이 있어요.

시작

라디오 작가가 되려면 한국방송 작가교육원(한국방송 작가협회)을 추천합니다. 요즘은 아카데미를 수료하지 않으면 방송작가나 라디오 작가 되기가 쉽지 않아요. MBC나 KBS, SBS 아카데미도 있지만 수강료가 비싸고 협회에서 하는 한국방송 작가교육원이 수강료도 싸고 현업에 계신 분들이 강의해서 도움도 많이 되고 취업도 빠르죠. 저 같은 경우는 방송작가협회 교육원이나 방송사 부설 아카데미가 지금처럼 방송작가를 공급하는 시스템이었다면 작가가 될 수 없었을 거 같아요. 가난했으니까요. 수강료를 따로 내거나 할 수 없었거든요.

그리고 요즘 라디오 작가를 하고 싶은 사람이 꽤 있는데, 라디오 작가가 되고 싶다고 해서 쉽게 되기 힘들어요. 우선 자리가 나지 않아요. 심지어 '누가 관에 실려 나가야 자리가 난다'는 농담이 있을 정도니까요. (웃음) 한번 시작해서 안정된 실력을 인정받게 되면 프로그램을 다른 방송작가에 비해 정말 오래 해요. 이게 라디오의 장점이자 단점이기도 해요. 처음 라디오 작가로의 입문은 그 당시만 해도 누군가 원고 잘 쓰고 일 잘하는 사람 있으면 '너하고 비슷한 사람 한 명만 소개해 줘' 해서 일을 하게 되는 경우가 많았어요. 1990년대 초 서울예대 문예창작과 출신 선배와 동기들이 특히 라디오에서 두각을 나타냈는데 저도 그들 덕분에 진입하게 된 경우죠. 김문숙, 박찬혁, 이병률 등, 그분들이 한 시기에 너무 잘해서 저는 진입 장벽이 별로 없었어요.

서울예대 문창과 하면 같은 대학이라고 알아봐 주기도 했고요. 물론 바로 원고를 쓴 건 아니고 이런저런 허드렛일을 하는 견습을 거쳤어요. 그러다가 PD가 문득 퀴즈 내듯 물어보는데 가령 뮤지컬 '헤어'에 삽입된 '렛 더 선샤인(Let the Sun Shine)'이란 노래를 틀면서 "이 뮤지컬 봤어?" "이 노래는 언제 나오는 거야?" 마침, 아는 얘기가 나오면 줄줄줄 대답하면서 '뭔가 좀 아는 게 있는 놈'이 왔다는 소문이 났어요. 물론 지금은 구글에 검색하거나 ChatGPT에 물어보면 되지만 그 당시에는 '검색' 이런 게 없었거든요. 그분들하고 달랐던 거는 저는 희곡 전공자여서 방송을 안 했다면 대학로에 가서 연극을 했을 거 같아요. 덕분에 저는 뮤지컬 영화를 많이 봤어요.

첫 원고는 제가 직접 녹음해 온 청취자 사연에 대한 리드멘트였는데 제가 취재했으니, 제가 가장 잘 아니까 멘트를 쓰란 건데 저는 저에게 주어진 그 멘트 몇 줄에 최선을 다했어요. 학교에서 배운 묘사와 비유, 메타포 같은, 그렇게까지 하는 막내 작가가 없었으니 빨리 자리 잡은 거 같아요. 한 2년쯤 했을 때 SBS라디오가 개국했고, SBS에서 하고 싶은 프로그램들을 많이 기획했죠.

#싱글벙글 쇼

처음에는 FM 음악 프로그램을 주로 했어요. 그런데 정말 감성 짙은 원고를 쓰는 분들이 많더라고요. 저도 감성적이긴 하지만 여성 작가들의 섬세한 감성과 정면 승부는 무리였어요. 그래서 나만이 잘할 수 있는 걸 찾아보자 했고, 여성 작가들이 기피하는 코미디와 시사를 하게 되면서 MBC 라디오 '싱글벙글 쇼'에서 제안이 들어왔죠. '싱글벙글 쇼'의 2천 년 대는 제가 책임졌죠. 15년 동안 '싱글벙글 쇼'의 전성기를 이끌며 원고를 썼어요.

그리고 강석 씨 칭찬을 하고 싶어요. 원고에도 감정이라는 게 있는데 제가 시사 콩트 원고를 쓸 때는 성대모사까지 하면서 원고를 쓰거든요. 그리고 일요일에 원고를 넘기고 저는 방송국에 없는데 강석 씨는 사전 정보 없이 방송 직전에 제 원고만 받아보고는 제가 생각한 대로 기가 막히게 연기를 해요. 마치 제 뇌 속에 들어앉은 사람처럼요. 그리도 딕션이 좋고 발음이 정확해요. 아나운서들이 말하는 단어의 단음, 장음 구별도 완벽하게 했어요.

강석 씨의 영혼의 파트너 김혜영 씨는 뭐랄까? 약간의 실수가 있어요. 오히려 그 작은 실수가 한바탕 웃음을 일으켜요. 김혜영 씨는 주로 강석 씨에게 당하는 캐릭터인데 사람들은 그런 김혜영 씨를 좋아하고 응원했죠. 하여간 환상의 콤비였어요.

그 외에도 최양락, 배칠수, 정성호, 김미진 등 개그맨 DJ들과는 정말 즐거웠어요. 양희경, 김현주 씨처럼 정말 원고를 잘 읽는 DJ들도 있었는데 잘 소화하니 원고 잘 쓴다는 소리는 못 듣죠. 누가 써줘도 잘하니까요. 그러나 버벅대는 분들, 예를 들어 노사연, 김흥국 씨 같은 분들의 원고는 제가 가장 잘 써요. 버벅거리지 않게 잘 써줍니다. 그게 재주죠. (웃음)

라디오 생방송

생방송에 늦은 적이 딱 두 번 있었어요. 한번은 'FM 대행진'을 할 때였는데 눈이 와서 길이 너무 막힐 때였어요. 그때는 이메일도 없을 때여서 원고를 직접 복사해서 가지고 가는데, 폭설에 도로가 엉망이 되는 바람에 4시간 전에 출발했는데도 생방송이 시작되고 반 이상 지나고 나서야 도착했죠. 난리가 났었어요. 그때 제가 중계동 살았을 때인데 방송국 근처에 살았어야지 하면서 PD가 당장 그만두라고 하더라고요. 제가 목동만 살았어도 그런 수모는 안 당했을 텐데 하는 생각도 들었어요. (웃음)

또 한 번은 전날 원고를 다 써놓고 술을 너무 마시고 나서 아침에 버스를 타고 방송국을 가는데 숙취 때문에 버스에서 그대로 잠이 들어버린 거예요. SBS 프로그램을 할 때인데 이미 동대문을 지나고 있더라고요. 다시 돌아가기에도 늦은 시간이었는데 PD가 그날은 화만 내고 그냥 지나가더니 그다음

날 일찍 나와서 원고를 쓰고 있는데 작가실을 발로 뻥 차고 들어오더니 "당신 김성씨, 한 번만 더 이러면 짤라버릴 거야" 이러는 거예요. 정말 자존심이 상하더라고요. 그 이후로 앞으로 죽는 한이 있어도 원고는 안 늦는다고 결심했죠. 그러고 나서 이메일이 생긴 이후 생방송에 원고 늦는 일은 사라졌어요. 가끔 일요일에 낮잠을 자다가 깜짝 놀라 일어나는 일이 잦았는데 원고에 대한 부담은 늘 있었나 봐요.

에피소드가 하나가 있는데 아침 방송을 할 때였는데 늦을까 봐 택시를 탔어요. 기사님이 오늘 처음 나온 초보 기사였는데 초보 기사님이라 벌벌 떨더니 '혹시 급하면 직접 운전해라' 하는 거예요. 말도 안 되는 일인데 제가 직접 운전을 해서 태릉 입구에서 여의도까지 25분 만에 왔어요. 당시는 차량이 많지 않을 때라 가능했나 봐요. 법 위반이 되겠지만 공소시효가 지난 관계로 이제야 고백합니다. (웃음)

#희열과 보람

　희열까지는 아니고 원고를 미리 써놓고 예비군 훈련에 갔는데 끝나고 택시를 탔더니 택시 기사가 마침 제가 쓴 시사 콩트를 듣고 엄지척하시며 너무 재밌다고 하시는 거예요. 제가 작가라고 밝히지는 않았는데 기분이 좋더라고요.

　이런 일도 있었는데요, 노무현 정부 중반을 넘기고 일이었어요. 저 역시 노무현 대통령의 지지자였는데 중요 사건의 피의자를 밤샘 수사한다는 뉴스가 나오는 거예요. 권위를 내려놓은 노무현 정부에서 피의자 밤샘 수사가 상식으로 통하다니, 시사 콩트에서 그 문제를 꾸준히 지적했죠. 나쁜 짓을 했어도 밤샘 수사는 고문이잖아요. 사실 아무리 노무현 정부 시대였어도 사회 곳곳에서 그런 식으로 말도 안 되는 일이 벌어질 때였거든요. 그 이후로 밤샘 수사가 없어졌어요.

　에스컬레이터 한 줄 타기에 대해서 '그렇게 무게가 한쪽으로 쏠리면 에스컬레이터가 고장 난다. 그냥 두 줄 타기가 맞다'고 끊임없이 주장하는 원고를 썼어요. 나중에 제 의견이 채택되어 한 줄타기가 문제 있음이 드러났지만, 여전히 에스컬레이터 한 줄 타기를 합니다. 그렇게 습관이 무서운 거죠. 청취율이 높아서 그런지 제가 쓴 원고가 반영되면 기분이 좋아요.

예전에 신문에 '휴지통'이라고 가십거리 기사가 나오는데, 거기에 실린 기사였어요. 사형수로 기억이 되는데 그 사람이 옥중 결혼식을 하게 됐고 나가면 안 되는데 신혼여행차 며칠 동안 교회 목사님이 관리하는 걸로 해서 밖에서 잠을 자고 오도록 교정 당국에서 허가를 해준 거죠. 그 기사를 보자마자 목사님 연락처를 알아내서 옥중 결혼식 한 부부들 전화번호를 알아냈고 방송하게 됐죠. 그 프로는 당시에 'FM 모닝쇼'였고 진행자는 유열이었어요. '사형수의 신혼' 그걸 연결한 기억이 나요. 나중에 무기수로 감형이 됐다고 하더라고요. 라디오는 속보성이 있어요. 그때그때 뉴스 가지고 연결할 수가 있죠.

전천후 작가

저는 특이하게 다른 장르도 다 해봤어요. 예능도 하고 스포츠도 하고 시사도 하고요. 천상 방송작가 형 인간인지 방송은 하는 족족 다 잘했어요. 이직을 못한 이유기도 하죠. MBC '개그야'라는 공개코미디를 했었는데 비하가 없는 착한 코미디를 모토로 바람을 일으켰죠. 당시 훨훨 날던 '개그콘서트'를 시청률에서 이기고 태국 포상 여행도 다녀왔어요. MBC 보도본부에서 대통령 선거와 총선 선거방송도 했었는데 3사 선거방송 중 시청률 1위를 했었고, SBS 스포츠국에서는 국내 최초의 월드컵 축구 전문 작가도 해봤죠. 내친김에 스포츠 다큐도 해봤고 작가로서는 드라마 빼곤 다 해봤는데 결국에는 다시 라디오로 돌아왔어요. 저는 라디오가 참 좋아요. 라디오 할 때가 가장 행복했던 거 같아요.

방송사고가 나면 아찔하기도 한대요, 잊히지 않는 사고들도 있어요. 방송사고는 주로 생방송에서 전화 연결 등 의도치 않은 부분에서 많이 나는데 언젠가 '꿀단지'라는 사연을 보낸 아주머니와 전화 연결을 하는데 작은 단칸방에서 첫날밤을 보내느라 엎치락뒤치락하다 요강을 엎은 사연이었어요. 해프닝을 말하던 아주머니가 엎질러진 소변을 치우느라 신랑이 일어나서 천장에 매달린 똑딱이 스위치를 켰는데 눈앞에 그의 남성이 떡 보이는 게 그렇게 큰 건 처음 봤다, 그런 얘기였어요. 스태프 모두 사연 듣자마자 빵 터졌고 운전 중 너무 웃긴 나머지 접촉 사고도 발생했는데 담당 PD는 징계를 받게 된 기억이 나요. 2000년 대 초반만 해도 이런 게 징계 사유가 되기도 했거든요.

방송사고는 아니지만 해프닝이 또 있어요. 한 청취자가 사연을 보내왔는데 자신이 어느 암자에서 소설을 쓴다는 내용이었어요. 그런데 알고 보니 그 남자가 조폭들에게 쫓기고 있었나 봐요. 조폭들이 '싱글벙글 쇼'를 듣고 있다가 이 남자의 사연을 듣고 암자를 기습했는데 다행인지 불행인지 잡히지는 않았다고 하더라고요. 이 남자가 '실미도' 작가 백동호 씨인데, 이 얘기가 '실미도'라는 소설 머리말에 나와요. 이렇게까지 하면서 원고를 썼다는 내용으로요. 감옥에 있을 때 실미도 이야기를 들었고 그걸 썼다고 하더라고요.

두더지 이야기도 있어요. 결혼했는데 남편이 직업이 뭔지 이야기를 안 하더래요. 그리고 깡통을 밖에 매달아 놓고 매일 그걸 가지고 나간다는 거죠. 이상하잖아요. 처음엔 간첩인가 했데요. 항상 신발엔 흙이 묻어 있고요. 그런데 나중에 알고 보니 두더지 잡으러 다니는 사냥꾼이었데요. (웃음) 예전에는 두더지가 한약재로 쓰였다고 하더라고요. 돈도 많이 벌었다고는 했는데 그걸 알고 나서부터는 남편이 너무 무섭다고 사연을 보내왔어요. 그만큼 국민 애청 프로그램이 '싱글벙글 쇼'였어요.

이종환 씨가 '지금은 라디오 시대'할 때 사연인데 어떤 사람이 취미가 스쿠버였데요. 바다에서는 화장실이 없으니까 너무 급해서 아무도 없는 암초에서 엉덩이를 까고 볼일을 보고 있는데 갑자기 뭐가 나타나더니 환호성이 울리더래요. 유람선이 나타난 거죠. 그런데 선장이 야단을 치더래요. "아, 거기 암초에서 똥 누시면 안 됩니다" 하면서 확성기에 대고 소리를 치는데 그 사연이 너무 웃겼어요. 역시나 이 사연도 징계를 받았죠. 웃길수록 징계를 받는 사연이 많았어요.

라디오 듣는 사람들은 주로 서민들이에요. 일하는 사람, 쓸쓸한 사람, 외로운 사람도 들어요. 풍족한 사람들이나 부자들은 라디오 안 들어요. 자기가 좋아하는 음악을 플레이리스트로 듣죠. 예전에 라디오 코너 중에 '싱글벙글 스타 선발대'라고 지금으로 말하면 '전화 오디션' 코너인데 캄보디아에서 외국인 노동자가 트로트를 잘 불렀어요. 매일 비닐하우스에서 일하면서 들은 '싱글벙글 쇼' 덕분이라고 하더라고요. 매일 트로트를 들어서 그렇대요. TV와 달리 라디오는 '여러분'이 아닌 '당신'이라고 해요. 개인 한 사람 한 사람이 감정을 이입해서 듣는 거죠.

#라디오 작가의 눈

사람들의 일상이 보여요. 표정은 어떤지, 옷차림은 어떤지, 타인의 슬프거나 기쁘거나 우울하거나 활기차거나 한 모습들의 디테일을 관찰해요. 우리가 어디를 향하는지, 각자가 무슨 생각을 하는지, 동네 재래시장 분위기는 어떤지 등등을 살피다가 '대파 한 대에 몇천 원' 가격 표시를 보고 오프닝 멘트를 쓰기도 해요. 라디오 원고가 맹목 없이 감상적이라고 하지만 그렇지 않아요. 오히려 현실을 반영한 정확한 지점의 감성을 건드리죠.

영국해군 핵잠수함들은 BBC 4 라디오 채널이 10분 이상 중단 시 런던이 핵 공격을 당한 것으로 간주하고 미리 지정된 적 도시에 핵미사일을 발사할 준비를 해요. 그들에게 라디오 없는 세상은 인류 종말을 의미해요. 오스트리아에서는 매년 1월 1일이 되면 빈 필하모닉이 신년 음악회에서 '아름답고 푸른 도나우강'을 연주하고 어김없이 라디오로 생중계돼요. 신년 첫날 라디오에서 '아름답고 푸른 도나우강'을 들을 수 없다면 그들의 세상은 끝난 거예요. 그들에게 라디오는 영속성을 뜻해요.

우리에게 라디오는 무엇일까요? 즐겨듣던 프로그램이 갑자기 라디오에서 흘러나오지 않는다면 뭔가 심각한 일이 벌어졌다고 생각하면 돼요.

#꿈

    작년까지만 해도 매일 라디오 원고를 쓰다가 갑자기 못 하게 됐어요. 뭔가 확 풀린 느낌이었지만 언젠가 '돌아온 싱글벙글 쇼'로 강석, 김혜영 두 분과 잠시라도 합을 맞춰보고 싶어요. 이 프로그램을 15년씩이나 했는데도 그때가 제일 행복했었던 것 같아요. 서로가 필요하다는 걸 느끼고 있는 거 같고요. 지금도 다시 라디오 방송을 하고 싶어요. AI가 세상을 지배하더라도 그 감성을 대신할 수 없을 테니까요.

강석, 김혜영의 싱글벙글 쇼 MBC | 김성 작가

PD수첩
정재홍

PD 수첩 MBC
정재홍 작가

프로그램
- MBC 다큐멘터리 이야기 속으로
- MBC 다큐멘터리 성공시대
- MBC 다큐멘터리 이제는 말할 수 있다.
- MBC PD 수첩
- 現) 한국 방송 작가협회 이사장
- 영화 / 시나리오
  - 자백
  - 공범자들
  - 삽질
  - 정돌이
  - 압수수색: 내란의 시작

수상 내역
- 2004년 - MBC 연기대상 방송 작가상 수상
- 2009년 - 한국방송 작가협회 교양 부문 작가상 (PD수첩)

PD 수첩

　시사 교양 쪽에는 크게 정보 프로그램이 있고 다큐멘터리가 있어요. 그다음에 토론이나 토크 프로그램이 있고요. PD 수첩은 탐사 보도 프로그램이라고 별도의 장르가 있는데 탐사 보도 장르가 정치권력이라든가 자본 또는 종교 권력 이런 우리 사회의 거대한 힘을 가진 집단을 감시하고 비판하고 그런 게 주목적인 프로그램이죠. 탐사 보도 프로그램이라는 게 어느 나라를 막론하고 민주주의 국가라면 한두 개씩 있는 프로그램인데 한국에는 추적 60분과 PD 수첩이 있어요. 본질적으로 권력과 맞서는 프로그램인데 수난도 많이 겪고 고소 고발도 많이 받는 그런 프로그램이죠.

　PD 수첩이 1990년 5월에 첫 방송을 했는데 저는 1998년쯤 시작했어요. PD 수첩 팀에서 3년 동안 다섯 프로그램 정도를 하다가 2000년부터 최승호 PD가 다른 프로그램 그만두고 PD수첩을 하자고 해서 시작했죠. 2000년 1월부터 해서 2012

년 7월까지 프로그램하다가 MBC에서 해고가 되는 바람에 그만두게 되었고, 최승호 PD, 이근영 PD, 그리고 저 이렇게 MBC에서 해고된 사람들이 나와서 '뉴스타파'를 만들었어요. 2017년까지 6년 가까이 뉴스타파를 했고 2017년 말에 MBC에 복귀해서 다시 PD수첩을 하면서 지금까지 8년째 하고 있죠. 다 합치면 한 25년 정도 한 것 같아요.

해고, 생활고

해고돼서는 생활이 전혀 안 됐어요. 일단 정치적인 어떤 이유로 해고되면 다른 방송사에 취업이 안 돼요. 그런데 MBC 조직은 의리가 있어요. 여수 MBC, 목포 MBC, 안동 MBC, 충주 MBC 등 그 지역에서 몰래 사람들이 불러줘서 일을 조금씩 했는데 그 덕분에 제가 전국구 작가가 됐죠. (웃음)

한번은 MBC에서 PD들이 위험을 무릅쓰고 다큐멘터리를 함께 하자고 해서 아들 둘의 이름을 한 자씩 넣어 '정현탁'이라는 필명으로 프로그램을 한 적도 있었죠. 첫 다큐멘터리를 했는데 저는 출입 금지 작가가 돼서 MBC에 들어갈 수 없어서 밖에서 일을 했고 마지막 편집할 때는 조연출이 PD 출입증을 가지고 나와서 그 출입증으로 야구 모자 쓰고 선글라스 끼고 들어가서 편집했던 기억도 있어요. 그때 사진을 아직도 기념으로 가지고 있답니다. (웃음)

그런데 그 다큐멘터리가 방송통신위원회 이달의 좋은 프

로그램상을 받게 됐어요. 상을 받으러 오라는데 갈 수가 없으니, PD가 '정현탁 작가 지금 해외에 있다'라고 그러기도 했죠. 침몰한 고려시대 조공 선에 대한 취재였고 그 뒤에 또 한 편의 다큐멘터리 '어메이징 아시아'라는 3부작을 필명으로 했는데 공교롭게도 그 프로그램도 방송통신위원회 이달의 좋은 프로그램상을 받은 거예요. 그러니까 MBC 국장이 '정현탁'이라는 작가 좀 보자 이렇게 된 거죠. 이번엔 PD가 놀라서 정현탁 작가 이제 은퇴했다고 이제 안 한다고 그랬었대요. (웃음)

#팩트 체크

 아이템은 작가와 PD가 같이 발제하고 거기에 대해서 많이 토론하죠. 작가와 PD가 전적으로 아이템을 정한다고 보면 돼요. 선정할 때 기준은 첫 번째로 우선 이게 중요한 문제인가를 봐요. 재미가 있건 없건 이 문제가 중요한가 중요하지 않은가를 보고 두 번째는 심층적인 취재가 되는가를 보죠. 중요하더라도 뉴스에서 단발로 심층성이 없으면 탐사 보도에서 할 필요는 없다고 생각하거든요. 마지막으로 사회적 약자에 관한 문제들인데 이런 식으로 기준을 잡아요.

 이렇게 정해지면 그때부터 아이템 분석을 해요. 매우 깊게 자료 조사를 하고 그러면서 무슨 이야기를 할 것인가를 결정해요. 주제를 결정하는 거죠. 이 소재로 우리는 무슨 이야기를 할 것인가 그런데 무슨 이야기를 할 것인가는 결국 이 소재가 갖는 어떤 본질적인 문제를 다뤄야 한다고 생각이 되거든요. 근본적인 문제를 도출해 내고 그걸 가지고 PD와 회의를 많이 하죠. 주제에 대해서 분명한 일치가 있어야 하거든요. 같은 소재라도 PD 주제가 다르고 작가 주제가 다르면 어려워져요. 그래서 계속 토론하고 설득하고 이런 과정이 필요하죠.

그다음에 주제가 정해지면 저는 취재 계획서를 써요. 부지런한 PD들은 취재 계획서를 써오기도 하는데 그러면 작가가 쓴 취재 계획서와 PD가 쓴 취재 계획서를 가지고 또 토론하는데 이렇게 주제가 정해지고 취재 계획서가 만들어지고 나면 이제 스타트하는 겁니다. PD들이 취재를 해오는데, 취재 기간 내내 계속 버리고 집중하면서 근본적인 원인이 뭔지를 찾아서 취재를 같이하는 거죠.

이제 취재가 끝날 때쯤 작가가 편집 구성안을 써요. 인터뷰 내레이션은 어떻게 쓰고, 그다음에 오프닝은 어떤 이야기로 할 것인지, 이야기를 전개해 나가는 과정에서는 어떻게 배치할 거며, 긴장을 고조시키고, 이런 부분에서는 어떤 지점들을 어떤 걸로 할 것이고, 에필로그는 어떻게 마무리할 것이며 MC 스튜디오 멘트는 어떻게 쓸 것이라는 내용으로 거의 대본에 가까운 편집 구성안을 쓰죠.

그리고 나면 편집하는데, PD수첩은 PD가 편집하는 게 아니고 편집자가 따로 있어요. 그래서 더 디테일하게 써줘야 해요. 편집자가 오로지 작가가 쓴 구상안에 의하여 편집을 해놓으면, PD와 작가가 파인 컷하러 들어가서 구성안에 써놨더라도 재미없는 부분이 있으면 빼고 집중할 거 하고 버릴 거 버리고 그 작업이 끝나고 나면 이제 작가가 대본을 쓰는 거죠.

스튜디오 대본 "안녕하십니까? PD 수첩입니다"부터 시작해서 내레이션 대본을 쓰고 그 다음엔 대본 팩트 체크를 해요. PD 수첩 같은 경우는 소송이 많이 들어오니까 체크 팀장과 요원이 따로 있어요. 여기서 팩트 체크가 끝나면 부장이 보고 MBC 심의실에서 보고 MBC PD 수첩 고문 변호사가 검토하고 해야 비로소 대본 팩트 체크가 끝나요. PD수첩은 대본 팩트 체크가 매우 엄격해요.

사찰과 압력

2019년도에 '내 파일 내놔라'라는 걸 문성근 씨와 여러분이 했어요. '국정원이 왠지 나를 사찰한 것 같아' 그래서 국정원 상대로 문성근 씨가 '문성근이라는 파일이 있으면 내 파일 내놔라' 이렇게 정보 공개 청구 운동을 했어요. 그랬더니 문성근 씨에 대한 충격적인 파일이 나왔죠. MBC 최승호 PD에 대한 파일도 있었고요. 그래서 문성근 파일과 최승호 PD 파일을 가지고 '국정원에서 민간인을 어떻게 사찰했는가?'를 PD 수첩에서 취재하는데 우리 PD가 왠지 정 작가님도 있을 것 같다면서 한번 해보자고 하는 거예요. 혹시나 싶어 해봤는데 다른 사람들은 다 일반 국정원 국내 사찰팀에서 했고 저는 대공팀으로 분류가 되어 있었어요. 'MBC PD 수첩 작가' 이렇게요. 거기 보면 제가 어디서 태어나서 학교는 어디를 나왔고, 전두환 처단 언더 써클에 있었고, 사제 폭탄을 투척했고, 사회 혁명을 목적으로 방송 작가가 되어서 PD 수첩에 들어왔다는 이런 내용과 2010년부터 MBC 사장에게 '정재홍 작가 해고해라'라는 공문을 5번 보냈더라고요. 결과를 받고 너무 충격을 받았어요. 사찰당하고 있는 걸 나는 몰랐잖아요.

그런데 돌이켜 생각해 보니 이상하게 2008년도부터 내가 제기한 아이템은 다 안됐어요. 이상하다고 생각은 했는데 나 때문에 그렇다기보다는 이명박 정부에서 PD 수첩을 순치하려고 하는구나 그렇게 생각했죠. 예를 들면 이런 거예요. 이명박 정무 초기에 세계 7대 자연경관 투표가 있었어요. 세계 7대 자연 경관에 제주도를 올리자고 정운찬 총리가 나서서 전 국민이 투표하는 열풍이 불었어요. 투표하려면 50원인가 비용을 지불하고 투표해야 하는데 저희가 이건 옛날에 평화의 댐처럼 뭔가 수상하다, 세계 7대 자연경관이 얼마나 많은데 물론 제주도도 좋지만, 그 유명하다는 히말라야 산도 있고 나이아가라 폭포도 있고 좋은 게 세계에서 얼마나 많은데 누가 감히 7대까지를 어떻게 뽑냐, 그래서 '이걸로 아이템 합시다'라고 결정해서 부장한테 갔는데 부장이 갑자기 기획서를 찢어서 쓰레기통에 던지더니 '지금 나라가 잘되는 게 그렇게 배가 아프냐?'라면서 안 해주더라고요.

우리에게 증거를 가지고 오라고 해서 증거를 가져갔죠. 전화료 50원씩 받은 곳이 스위스에 있는 민간단체더라고요. 50원씩 투표하는 거에 온 국민이 참여 했으니 얼마나 대박 터졌겠어요. 그걸 들고 갔어요. '스위스에 있는 민간단체가 장난친 걸 왜 국무총리가 나서서 온 국민을 이렇게 하게 만드냐, 이건 방송해야 합니다' 그랬더니 그때는 차마 못 한다는 소리는 못 하더라고요. 뭘 하자고 하면 팩트가 부족하지 않니, 그래서 팩트 찾아가면 시청률이 안 나오지 않을까 여러 가지 온갖 이유가 있어요. 그러면 PD수첩 작가들이 어떤 아이템에 대해선 끝까지 들이밀기도 하죠. 뻔히 미운털 박힐 줄 알지만 '그걸 하지 않으면 PD 수첩 작가 왜 해야 하냐, 나는 이게 중요하다고 생각한다' 이렇게 싸우는 과정들이 있었어요. 주변에선 웬만하면 협상해서 타협하라는 말도 있었지만 그러면 시청자들이 대부분 알아봐요. 시청자들이 가다가 말면 '저것들 약 먹었나, 뭘 먹었나' 대번 알아봐요. (웃음) 소송이나 협박은 엄청 많이 들어오고 소송한다는 것은 일반적인 반응이에요. 소송 안 하는 사람이 드뭅니다.

　PD 수첩은 우리 PD 수첩만을 위한 로펌이 있어요. 대부분은 로펌에서 알아서 해주긴 하지만 사이비 종교 같은 문제를 다뤘을 경우에는 직접 협박을 받기도 했어요. 사이비 종교 단체를 취재 했는데 대학생들에게 '도를 아십니까?'로 접근해서 가출을 시켜서 카드를 발급받게 한 다음에 카드로 대출을 한 사람당 300만 원씩 받아서 가져오게 했죠. 대학생들이 빚도 못 갚고 그런 상황이 있어서 PD 수첩에서 취재하러 갔는데 교세가 상당히 강한 데라 그쪽 법무팀장이 부장검사 출신이라면서 저를 보러 온 거예요. 그러면서 우리 애들을 위협하더라고요. '아드님 등교하는 거 봤는데 하교도 할 수 있다고 생각하십니까?' 이런 식으로 어린애를 협박 대상으로 할 때는 걱정이 되더라고요. 나머지는 비일비재하죠.

MBC가 버린 작가

 4대강 비판 프로그램을 세 번 했어요. MBC는 정말 문제가 있는 조직인데 실제로 보면 관리자를 양성하는 조직이에요. PD가 입사하면 PD 수첩 3년, 다큐멘터리 3년, 정보프로그램 3년, 그다음에 생방송 2년 이렇게 한 바퀴를 돌려요. 그 이유는 훌륭한 관리자가 되라는 거죠. PD가 전문성을 못 갖게 만들어요. 보통 PD가 부장이 되면 다시 홍보팀이나 심의팀 아침 방송 관리팀으로 가서 골프치고 술 마시고 그게 전부인데 부장에서 다시 PD로 돌아온 첫 PD가 최승호 PD였어요.

 해고된 것도 정말 비열한 게 그때 당시 PD 수첩을 12년 정도 했는데 어느 날 SBS '그것이 알고 싶다' 신진주 작가가 아침에 출근하는데 전화가 왔어요. "선배님 PD 수첩 팀에서 오라고 전화가 왔는데 누가 빠집니까?" 이러는 거예요. 그래서 "처음 듣는 이야기다"하고 MBC로 갔죠. 부장을 만나서 "SBS 작가가 PD 수첩 측에서 작가 뽑는다고 했다는데 누가 그만둡니까?" 그랬더니 "다 그만둡니다" 이러는 거예요. 통보도 없이 그렇게 해고됐죠. 왜 그러냐고 물어봐도 모른다고 하고 그래서 국장실로 갔더니 국장실 앞에 총무팀 직원들이 들어오지 못하게 막고 있더라고요. 비키라고 하고 문을 세게 열고 들어갔죠.

저와 PD 수첩에서 가장 많은 프로그램을 한 PD가 김 국장인데 그 사람은 아이템에 대한 권한을 전적으로 저한테 준 아주 친한 사람이었어요. 그런 사람이 돌변한 것도 이상했죠. 그래서 김 국장한테 나를 왜 해고했냐고 물었더니 분위기 쇄신 차원이라고 하더라고요. 제가 "분위기 쇄신하려면 커튼을 바꾸든가 화분을 바꾸지 왜 작가를 자릅니까?" 했더니 갑자기 빵 터져서 미친 듯이 웃더라고요. (웃음)

PD 수첩도 새로워져야 하고 정재홍 작가는 불평 부당의 원칙을 어기고 편파적이고 중립성의 원칙을 어겼다고 하면서 해고 사유를 이야기하는데 할 말이 없었어요.

싸우자고 하면 복직도 안 될 테고, MBC랑은 영원히 척지게 되고, 내 후배들 전부 다 엮여서 기나긴 싸움을 해야 하는데 그냥 잠자코 해야 하나, 먹고 살아야 하는데 어떡하나, 오만가지 생각이 들었어요.

그때 여기서 안 싸우면 앞으로 한 글자도 못 쓰겠다는 생각이 들었죠. 여기서 나를 부당하게 내치고 거기에서 내가 그냥 스페셜 같은 프로그램이나 하면서 희희낙락하게 마치 아무 일도 없었다는 듯이 이렇게 지내는 게 너무 쪽팔려서 죽을 것 같더라고요. 그래서 근처 생맥줏집에서 생맥주 한잔 마시고는 '싸우러 가자, 기자들 불러' 그렇게 해서 기자회견하고 싸움이 시작된 거죠. 무슨 애국심 이런 거 절대 아니고, 방송 작가로 살아야 하는데 그게 꺾이면 글을 못 쓸 것 같더라고요.

그 이후엔 집회도 하고 PD 수첩 대체 작가 거부 서명이 시작됐어요. 무려 1,300명 작가가 서명했죠. 그래서 PD 수첩이 2012년 7월 26일부터 그해 12월까지 불방됐는데, PD 수첩이 6개월 불방된 역사에 대해서는 사람들은 잘 몰라요. 그리고 박근혜 대통령이 당선되고 그다음 날 노조 위원장에게 전화가 왔어요. 그때 우리는 '끝장 텐트'라는 걸 만들어서 MBC 앞에서 농성하고 있었는데, 노조 위원장이 "정 작가님 5년 동안 싸워야 하는데 박근혜 정부 임기 끝날 때까지 우리 노조는 더 이상 힘이 없습니다. 타협하시는 게 어떻습니까?" 하더라고요. 하는 수 없이 노조와 타협해서 2명은 PD 수첩 복귀, 저는 MBC 스페셜 프로그램, 나머지는 소비자 고발하는 프로그램으로 가게 됐죠.

영화

　제가 뉴스타파에 가서 '자백'이라는 영화를 만들었어요. 서울시 공무원 유우성 씨 간첩 조작 사건인데, 자백이라는 영화를 최승호 PD랑 같이 작가로 참여해서 만들었는데 그게 안양역 롯데 CGV에서 상영이 된 거예요. 아내가 그걸 친구랑 둘이 보러 갔는데 영화관에 2명밖에 없었대요. (웃음) 그런데 그걸 보고 쇼크를 받아서 영화 끝나고 한동안 나오질 못했데요. 그때는 국정원 문건 나오기 전인데 영화에서 국정원이 멀쩡한 사람을 간첩으로 몰아서 하는 걸 보고 쇼크를 어마어마하게 받아서 우울증까지 걸린 거예요. 한 5년 동안 60kg 정도 나갔는데 40kg까지 빠지고 죽는다고 유서도 써놓고 하여튼 죽을 뻔했어요. 바짝 말라서 완전 폐인이 됐었죠. 지금은 아주 좋아졌어요. 지금은 그 영화 때문에 잃어버린 5년 보상하라고 아내가 매일 이야기 합니다. (웃음) 아내는 PD 수첩도 절대 안 봐요. 제가 아내에게 갚아야 할 게 많아요. (웃음)

그리고 '압수수색 내란의 시작'은 그래도 성적이 좋은데 개봉하고 3일 만에 5만 명인가 관람을 했더라고요. 아마 이 책이 나올 때쯤이면 내릴지도 모르겠지만, 쿠데타가 나기 전부터 열심히 만들었어요. 2023년에 윤석열 정부에서 뉴스타파 압수수색하고 그걸 방송한 방송사에 과징금 부과하고 헌법이고 뭐고 필요 없이 그런 걸 했는데 그때부터 기획해서 만들어 왔죠.

그러다가 진짜 쿠데타가 일어났는데 언론을 장악하려는 쿠데타는 사실은 이미 2023년 9월 14일, 검찰이 뉴스타파를 압수수색하면서 시작된 거였어요. 2023년에 시작했는데 압수수색 내란의 시작은 내란 이후에 타이틀이 걸린 거죠. 많이 보강됐어요. 시대적으로 필요할 때마다 영화도 해볼 계획입니다.

국민교육헌장

학창 시절에 우연히 사회 문제에 깊게 관심을 두게 됐고 그래서 학생 운동을 하는 '언더 서클'에 들어갔어요. 우리 선배들은 거의 '인민노련'으로 갔는데 대학교 3, 4학년 때는 집회를 주도해서 구속되고, 노동 현장으로 가고 그랬죠. 저는 사회가 같이 바뀌어야 한다는 데 깊이 공감하는 국민교육헌장을 믿는 사람이에요. '나는 민족중흥의 역사적 사명을 띠고 이 땅에 태어났다' 그 말을 믿었어요. 우리 때는 국민교육헌장을 다 외웠는데 저는 그 말이 참 좋았어요. 그런데 국민교육헌장 그 어디에도 '너만을 위해서 살라'는 말은 하나도 없어요. 거기에 보면 다 우리 사회를 위해서 살라고 그렇게 돼 있어요.

그래서 저는 거기에 대한 갈증이 있었는데 방송 작가가 되고 PD 수첩을 통해서 사회 문제를 깊게 고민하고, 대안을 제시하고 비판하고 이게 저한테 너무 맞았던 거예요.

그게 제가 가지고 있었던 세상, 살아가는데 나 혼자만이 잘 먹고 잘사는 걸 떠나서, 같이 세상을 좀 바꿔가면서 좋게 살아야 하겠다고 생각했던 어린 시절 생각과 학창 시절 학생운동 하면서 배운 어떤 역할을 해야 한다는 생각, 자유나 평화, 민주주의 이런 가치를 내가 실천해야 한다는 그런 생각을 하고 있었는데, PD 수첩을 하면서 그게 딱 길이 열린 거죠. 그래서 매 프로그램에 열심히 하게 됐어요. 그냥 원고료 몇 푼 벌려고 하는 게 아니고 저한테는 국민교육헌장을 실천하는 통로가 됐던 거죠.

자전거

2012년 MBC에서 해고 되기 전에는 저도 온실 속의 화초로 살았어요. 계약 작가였거든요. 사규에는 계약 작가라는 게 있는데 전속 작가라고 해요. 전속 작가가 되면 어느 정도 일정한 페이가 보장되고 계약금도 따로 보장해 주는데, 1년에 11개의 프로그램을 하면 되고 일만 열심히 하면 되니까 별걱정이 없었어요. 그러다가 갑자기 해고된 거죠. 6개월 동안 농성을 하다보니 정서적으로 멘붕이 오더라고요.

그때 하필이면 나이가 갱년기로 접어들 수 있는 40대가 되었고 그때부터 자전거를 타기 시작했던 거 같은데, 소설 쓰시는 성석재 작가라고 저를 지극정성으로 케어해 준 사람이 있어요. 이 사람이 매일 자전거 타러 가자, 기타 치러 가자, 하면서 저를 보살펴 줬는데 제가 무너지지 않게 정서적으로 도움이 많이 됐어요. 일 없을 때는 거의 매일 자전거 타고 저녁에 기타 치고 그다음에 술 마시고, 다음 날 일어나서 일이 있으면 일하고 일 없으면 다시 자전거 타고 술 마시고 기타치고 이런 생활을 했어요. 이것 때문에 정서적으로 무너지지 않았고, 조금 더 성숙해지고, 사람에 대해서 애정을 갖게 되었죠. 자전거와 기타와 술이 저에겐 큰 활력소예요. 물론 가족이 첫 번째고요.

술

제가 주량이 좀 센 편입니다. 언젠가 엄홍길 씨가 산에 다니면서 독주를 많이 마신다고 안동 소주를 7병인가 가지고 왔어요. 예전에 '성공시대'라는 프로그램을 했었는데 그때 출연해서 친해졌거든요. 산악인 중에 술에는 최강자라면서 한 번 같이 마셔보자고 했는데 둘이 마시다가 엄홍길 씨가 실려 간 적이 있습니다. (웃음)

그리고 지난번에 비상계엄 선포하고 그걸 PD 수첩에서 제일 먼저 방송했어요. PD수첩팀이 회식하고 있는데 뉴스에서 보고 부장하고 전화해서 바로 하자 해서 회식하다 말고 PD들은 바로 국회로 가고 작가들이 준비해서 이틀 만에 첫 방, 6일 만에 2방, 또 이틀 만에 3방 했는데 그때 서포트해 준 육군 사관학교 동창회에서 술이 제일 세다는 헌병 대장이 있었어요. 자기가 육사 선후배 중에서 술이 제일 강하다고 얘기를 했는데, 방송 마치고 많이 도와줘서 고맙다고 여의도로 초대해서 술을 마시기로 했어요. 방송 작가들 조심하라고 폭탄주 마실 거라고 했는데 그분도 집에 못 걸어가시고 실려 나가셨어요. (웃음)

#코미디

저는 졸업하고 전두환 집에 사제폭탄을 던지면서 취직이 안 됐는데, 남들은 집시법으로 걸려서 민주 투사인데 저는 사제폭탄을 던져서 총포 및 화약류 단속법으로 걸린 거예요. 연대 뒷산에서 매일 망원경으로 병력 이동 배치 상황을 보고 새벽 5시 반경에 감시가 제일 약해진다는 걸 알고 버스 타고 17명이 갔는데 그걸 터트리고 우리도 놀라서 도망가다가 저는 경찰 장봉에 맞고 기절했죠. 깨어나 보니까 서대문 경찰서에 있었어요. 그때 신문에도 보도가 크게 났죠. 알고 보니 마지막까지 가서 폭탄을 하나 던지긴 던졌는데 그 문이 엄청 높아서 문 앞에서 터졌다고 하더라고요. 그때 서대문 경찰서 끌려가서 엄청나게 맞았어요. 다른 건 안 묻고 그 사제폭탄 어디서 났냐고만 묻더라고요.

그 일로 취직이 안 돼서 그렇게 지내고 있는데 MBC PD 중에 예능 PD 한 분이 "놀지 말고 방송 작가 해보는 게 어떻겠냐?" 그래서 "방송 작가가 뭔데요" 그러니까 대본을 몇 개 주더라고요. 대본을 읽어보니 재밌는 거예요. 너도 한번 써보라며 준 대본이 '테마 게임' 대본이었고, 그렇게 테마 게임 대본을 써서 줬는데 대본이 맘에 들었는지 같이 한번 해보자 해서 MBC에 오게 됐죠. 테마 게임을 준비하다가 그중에 다른 PD가 시트콤을 만들겠다고 해서 그 팀에 가게 됐어요. 그렇게 시트콤을 했는데 그 프로그램이 잘 안됐고, 그다음엔 세계사를 가지고 코미디를 해보면 어떻겠냐고 해서 만든 프로그램이 '코미디 세계사'였어요. 그때 개그맨 서승만 씨하고 하게 됐고 아이디어가 많은 분이라 그때부터 친하게 됐죠. 다른 것도 많지만 개그맨 서승만 씨에게는 굴하지 않는 정신은 배웠다고 할 수 있어요. 누가 뭐라고 하든 개그맨 서승만 씨도 자기의 길을 가는 스타일이에요. (웃음)

한국방송 작가협회

제가 한국방송 작가협회 이사장으로서 임기 내에 꼭 해내고 싶은 게 있어요.

'올드 미디어'라고 재방송이라든가 케이블이라든가 이런 것들은 저작권이 잘 돼 있어요. 그런데 '뉴미디어' 유튜브로 보는 거라든가 OTT로 방송되는 거라든가 그다음에, 집에서 IPTV로 보는 거, 간단하게 말씀드리자면 옛날에는 케이블 TV나 이런 걸로 다시 보기를 보고 비디오로 보기도 하고 그 사용료를 우리가 다 받았어요. 지금은 그렇게 보는 사람이 없고 핸드폰으로 거의 보는데 그 저작권이 룰이 확립되지 않은 거예요. 중요한 문제가 옛날에 케이블로 보는, 지상파로 보는 '올드 미디어'였다면 지금은 전부 디지털로 보는 '뉴 미디어'로 갔는데 이쪽에 저작권이 지금 안 돼 있는 거죠.

저작권 관련 법이 없어요. 법제화하려고 열심히 뛰고 있는데 올해 안으로 OTT 관련 법 저작권을 확보하는 게 첫 번째고

두 번째는 IPTV 실시간 전송권이라고 있어요. 요즘은 LG, KT 아니면 SK 3개 통신사를 이용해서 또는 핸드폰하고 연동된 케이블이나 인터넷으로 보잖아요. 매달 통신비를 통신사에 우리는 납부하는데 그러면 각 방송사가 통신사에게 천억씩을 받아요. 우리가 IPTV 보느라고 매달 통신비를 내는데 그게 통신비 외에 TV 수신료도 내는 거죠. 그러면 그걸 각 방송사에다가 사용료를 주는데 그게 천억 원씩인 거예요.

그런데 저는 MBC PD 수첩에 내 원고를 팔았지 LG유플러스에 판 건 아니잖아요. 그러면 MBC가 천억 원 받았고 돈 벌었으니까 저작권이 발생하는데, 실시간으로 본다는 이유로 저작권을 안 주는 거예요. 그렇지만 수익이 있는 곳에 저작권은 발생하는 거잖아요. 그렇기 때문에 OTT, IPTV 실시간 전송, 그다음에 유튜브, 그다음에 포맷 저작권, 이 4개의 저작권 관련 법제화를 방송작가 협회 이사장 임기 내에 꼭 해야 해요.

뉴 미디어 저작권은 정말 중요한데 왜냐하면 이제는 전부 다 휴대폰으로 보기 때문에 이게 되지 않으면 방송 작가는 폭망이라고 봅니다. 유튜브라든가 다시 보기라든가 IPTV 그다음에 OTT 이런 것들에 대한 저작권을 확보하지 않으면 정말 위기예요. 계획한 것들을 이루기 위해서 한 발 한 발 나아가고 있는데 한국방송 작가협회 5천여명 회원들의 권익을 보호하려면 법제화가 꼭 필요합니다.

#클로징

"몸은 기껏 백이십 근인데 마음은 천근만근"인 외롭고 삭막한 세상에 박해영 작가의 박동훈 같은 '나의 아저씨'가 있어 감사했습니다.

팍팍한 하루를 살아내고 위소영 작가의 '술꾼도시여자들'과 "동구 밖 과수 원샷"으로 가슴을 적실 수 있어서 행복했습니다.

패배는 있어도 포기는 없는 '강철부대'에 이어서 극강의 서바이벌 '피지컬 100' 그리고 압도적인 스케일의 '아이 엠 복서'까지 강숙경 표 프로그램을 기대합니다.

세상에 없던 웃음으로 대한민국에 활력이 돕니다. SNL 코리아의 '신 스틸러' 여러분과 안용진 작가 덕분입니다.

음악의 그래미상, 영화의 오스카상처럼 방송계 최고 권위의 에미상에 도전하겠다는 '흑백요리사' 모은설 작가를 응원합니다.

모든 프로그램은 사람으로 통합니다 사람과 사람, TV와 사람 사이를 이어주는 '人 & IN'의 대표 심은하 작가의 따뜻한 열정에 박수를 보냅니다.

'불후의 명곡'의 명성은 하루아침에 이루어지지 않았습니다. 불후의 명곡을 불후의 명작으로 만든 쇼 프로그램의 명인 김지은 작가입니다.

"목적지에 빨리 도착하는 건 별 의미가 없다는 걸 알게 되죠. 인생은 그냥 이 순간이 아름다운 거예요" 반짝반짝 빛나는 오프닝 멘트처럼 '국민 언니' 송정연 작가의 하루하루는 찬란합니다.

자판을 치는 손가락은 두터운데 원고는 섬세하고 다정합니다. 돌도사 강석과 김혜영 DJ의 식탁에 맛깔나는 멘트를 담아내는 특급 쉐프 김성 작가의 싱글벙글 쇼가 그립습니다.

MBC가 버린 작가지만 정재홍 작가는 'PD수첩'을 버리지 않았습니다. '나는 민족중흥의 역사적 사명을 띠고 이 땅에 태어났다'는 '국민 교육 헌장'을 항상 가슴에 담고 사는 정재홍 작가가 꿈꾸는 아름다운 세상의 선봉에 'PD수첩'이 있습니다.

드라마·예능·라디오·탐사보도 각 분야에서 최선을 다하고 정성을 다하는 방송작가 여러분들의 생각과 말을 들을 수 있어서 행복했고 감사했습니다.
언제나 잘나가는 방송작가로 세상의 창을 열어주길 기대합니다.
감사합니다.

2025년 6월 금강 변에서 김진태

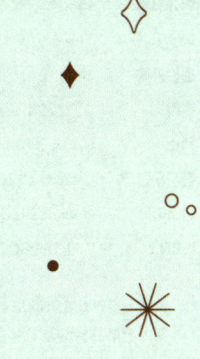

잘나가는 방송작가

© 김진태 2025

초판 1쇄 인쇄　　2025년 5월 30일
초판 1쇄 발행　　2025년 6월 10일

지은이	김진태
펴낸이	김진태
책임편집	서남희
교정	최아영
디자인	정나영
마케팅	박종범, 서형권
모니터링	유병민, 강채리, 김태연
프린트	문우사
인쇄제본	넥스트프린팅
펴낸곳	The 작업실
출판등록	제2022-000011호
전화	02-2294-9036
팩스	0303-3442-1212
전자우편	jakupsil2020@naver.com
인스타	@jakupsil2020, 더작업실
ISBN	979-11-980027-7-8 (03800)

* 이 책은 저작권법에 따라 보호받는 저작물이므로 무단 전재와 복제를 금지합니다.
* 이 책의 전부 또는 일부 내용을 재사용하려면 사전에 저작권자와 The 작업실의 동의를 받아야 합니다.
* 잘못된 책은 구입하신 곳에서 바꿔드리며, 책값은 뒤표지에 있습니다.